Flávio Gikovate

Médico psiquiatra formado pela USP em 1966. Pioneiro nos estudos sobre sexualidade e amor em nosso país. Trabalha como psicoterapeuta e é autor de diversos livros de sucesso sobre as principais questões relativas à felicidade humana. *Site*: www.flaviogikovate.com.br

Drogas

A melhor experiência é não usá-las

Colaboração de Márcio Vassallo

3ª edição reformulada
São Paulo, 2009

© FLÁVIO GIKOVATE, 2009

COORDENAÇÃO EDITORIAL: Lisabeth Bansi
EDIÇÃO DE TEXTO: Ademir Garcia Telles
COORDENAÇÃO DE PRODUÇÃO GRÁFICA: Ricardo Postacchini, Dalva Fumiko N. Muramatsu
COORDENAÇÃO DE REVISÃO: Elaine Cristina del Nero
REVISÃO: Duna Dueto Editora Ltda.
EDIÇÃO DE ARTE/PROJETO GRÁFICO/CAPA: Ricardo Postacchini
DIAGRAMAÇÃO: Camila Fiorenza Crispino
PRÉ-IMPRESSÃO: Everton L. de Oliveira, Helio P. de Souza Filho, Marcio H. Kamoto
COORDENAÇÃO DE PRODUÇÃO INDUSTRIAL: Wilson Aparecido Troque
IMPRESSÃO E ACABAMENTO: BMK Pró Indústria Gráfica Ltda.
LOTE: 278502

Dados internacionais de Catalogação na Publicação (CIP)
(Câmara Brasileira do Livro, SP, Brasil)

Gikovate, Flávio
 Drogas : a melhor experiência é não usá-las /
Flávio Gikovate. — colaboração de Márcio Vassallo. —
3. ed. reform. — São Paulo : Moderna, 2009.
 Bibliografia
 1. Drogas - Abuso - Obras de divulgação
2. Drogas - Abuso - Prevenção 3. Ensino médio
I. Vassallo, Márcio. II. Título.

ISBN 978-85-16-06296-5

09-01382   CDD-362.29

Índices para catálogo sistemático:
1. Drogas : Abuso : Problemas sociais 362.29

Reprodução proibida. Art.184 do Código Penal e Lei 9.610 de 19 de fevereiro de 1998.

Todos os direitos reservados

EDITORA MODERNA LTDA.
Rua Padre Adelino, 758 – Belenzinho
São Paulo – SP – Brasil – CEP 03303-904
Vendas e Atendimento: Tel. (11) 2790-1300
Fax (11) 2790-1501
www.modernaliteratura.com.br
2019
impresso no Brasil

A felicidade não é algo fácil: é dificílimo encontrá-la em nós e impossível encontrá-la em outro lugar.

Chamfort, citado por Arthur Schopenhauer,
filósofo alemão (1788-1860)

SUMÁRIO

INTRODUÇÃO, 6

O ser humano usa drogas há milhares de anos, 9
Ultimamente mudou o significado do uso de drogas, 12
Com as drogas proibidas não é diferente, 15

Hábito. Vício. Dependência, 18
Dependência psicológica e dependência física, 21
Hábito e vício, 25

O que é exatamente a adolescência?, 30
Surgimento da sexualidade adulta, 31
Tomada de consciência da condição de adulto, 34
Afastamento da família e maior aproximação com o grupo, 37
Medo e desejo de relações amorosas, 40
Adolescência e o início da luta entre dependência e independência, 41

O início do uso de drogas está relacionado com independência, 44
O erotismo e a vaidade são importantíssimos, 47
Não podemos desprezar a propaganda, 51

A continuação no uso de drogas é pura dependência, 55
É evidente que o efeito psicológico das drogas é bom, 58
O vício se estabelece principalmente por causa do efeito psicológico da droga, 62
É fácil entrar no "círculo vicioso" do vício e difícil sair, 64

Efeitos físicos e psicológicos das drogas, 69
Nem todas as drogas viciam com a mesma facilidade, 71
Outras drogas nem sempre tão conhecidas, 72
O álcool, 77
A maconha, 79
A cocaína, 82

Drogas: a melhor experiência é não usá-las, 86
A cocaína não está relacionada com o sucesso?, 91
E os artistas e músicos que usam drogas: não são ganhadores?, 94

Afinal, devemos experimentar as drogas?, 98
Uma palavra sobre a educação moderna, 101
A droga é uma renúncia à liberdade, 104
É muito doloroso largar uma droga quando não se é viciado?, 108

O tratamento dos viciados, 111
O primeiro passo, 112
O segundo passo, 114
O terceiro passo, 118

Sugestões para quem quer vencer, 121
Coragem e ousadia, 124
Disciplina e persistência, 126
Objetividade na escolha dos planos de vida, 128
Humildade, 130
Sorte, 133

Bibliografia, 135

Introdução

Há uns dois anos, escrevi um livro a respeito do vício de fumar cigarros. Achava que, juntando a teoria psicológica que conheço e que coloco na prática como psiquiatra com minha experiência pessoal de ex-fumante, chegaria a uma proposta viável para as pessoas que quisessem parar de fumar.

A proposta está lá, no livro, e é boa. Só que houve um resultado inesperado. A leitura desinteressou aos que não fumam cigarros, porque o assunto não lhes dizia respeito. E também não interessou aos que fumam, porque alguns não querem parar de fumar e outros preferem não saber sobre o vício e o que a nicotina causa.

Na verdade, todo fumante sabe que a nicotina faz muito mal à saúde e que um dia terá de parar de inalar essa fumaça. Só que o viciado nem sempre consegue parar usando apenas a sua vontade. A razão, às vezes, é menos poderosa do que o vício.

Aliás, outra coisa que acontece com o viciado é que ele nega ser dependente da droga. O alcoólatra gosta de dizer que bebe por prazer e não porque é impossível, para ele, passar sem a bebida. O fumante de cigarro diz que adora fumar, o que não é verdade. Muitas vezes ele tem até vergonha de acender um cigarro. Na realidade, não consegue ficar muito tempo sem o ritual que envolve o ato de fumar; e o seu organismo também sente falta da nicotina.

Espero que este livro, que trata do uso e da dependência de drogas em geral, seja lido por todos os jovens e não apenas por seus pais e professores. Espero que seja lido por aqueles que já têm uma opinião formada, seja a favor, seja contra o uso de drogas, e por aqueles que ainda não definiram seu ponto de vista a respeito do assunto. Espero que seja lido por aqueles que já experimentaram o cigarro, o álcool, a maconha, a cocaína, o lança-perfume, o crack etc. E que possa interessar também àqueles que nunca experimentaram nenhuma dessas coisas – aos que não o fizeram porque não tiveram coragem ou oportunidade e também aos que não o fizeram por convicção.

Falar do uso de drogas significa falar da adolescência e do início da vida adulta. Significa tentar entender alguns aspectos fundamentais desse período fantástico e dificílimo que você, leitor, está vivendo, ou já viveu. Para mim, significa mais uma oportunidade de reviver e rememorar a minha mocidade, com aqueles eternos problemas que cada geração enfrenta como únicos e novos. Penso, pois, que o assunto interessa a todos, independentemente de qual seja a sua relação atual com as drogas. Até porque todos têm amigos, irmãos ou primos que podem estar se envolvendo com algum tipo de droga. Todos têm colegas de classe, parceiros de jogos no clube ou vizinhos que devem estar achando o máximo fumar maconha. Você também pode estar pensando assim. Por isso é preciso que entenda tudo a respeito dessa atitude.

De todo modo, o simples fato de estar com este livro nas mãos, disposto a lê-lo, já significa que você é uma pessoa lúcida, desarmada, interessada em conhecer melhor a si mesma. Trata-se de uma atitude livre de preconceitos. Sim, porque os que se drogam também podem ser preconceituosos. Todos sabemos, por exemplo, que muitos deles costumam chamar os que não se drogam de "caretas". Na verdade, todos nós tendemos a ser preconceituosos. Precisamos lutar muito contra essa tendência de estabelecer julgamentos precipitados a respeito de qualquer assunto. Nosso desafio não é provar a superioridade dos que não se drogam ou dos que se drogam. O desafio é entender o comportamento das pessoas e saber o que é melhor para o desenvolvimento emocional de cada uma delas.

Este livro é uma viagem pelo nosso mundo interior, com suas necessidades e fraquezas. A psicologia tem este objetivo: ajudar o ser humano a conhecer a si mesmo. Não é uma coisa teórica: ela fala de gente o tempo todo; por isso é extremamente interessante e útil. Mergulhar nesse mundo interior, aumentar o conhecimento sobre o ser humano e sobre a vida é algo que nos provoca uma profunda alegria, que nos deixa com o coração mais quente, com ainda mais capacidade para amar os nossos semelhantes. E nos faz sentir parte da humanidade, integrados e solidários.

O ser humano usa drogas
há milhares de anos

Costumamos achar que a parte mais emocionante da história da humanidade começou com o nosso nascimento. Mas a verdade é que, do ponto de vista das drogas, nossa história é bem antiga. A Bíblia nos conta a história do dilúvio e da Arca de Noé. E foi esse mesmo Noé quem, certo dia, tomou um porre e saiu nu de sua tenda – sendo, por isso, censurado por seus filhos. O haxixe é fumado na Ásia há muitos séculos. Os índios de alguns países da América do Sul mascam até hoje folhas de coca para atenuar as dores.

Ao que parece, na maioria das vezes a droga era usada como remédio, para diminuir o sofrimento das pessoas. Não era uma coisa charmosa ou divertida. Muitos a usavam para esquecer a fome que sentiam, porque a maior parte das drogas tira o apetite, ao menos enquanto dura o seu efeito. Isso é particularmente verdadeiro para o haxixe e para as folhas de coca, consumidas principalmente pelas classes sociais e econômicas mais baixas.

A droga não era símbolo de nada. Apenas ajudava as pessoas miseráveis a sobreviver e a sofrer um pouco menos. Talvez também ajudasse algumas pessoas a diminuir suas dores mentais. Uma das coisas mais difíceis para o ser humano sempre foi conviver com as dúvidas acerca da sua condição. Não sabemos direito de onde viemos nem para onde vamos; tampouco sabemos exatamente o que estamos fazendo na Terra e por quanto tempo aqui ficaremos. Pensar nisso é doloroso e provoca angústia. Fumar haxixe ou mascar coca faz a cabeça parar com esses pensamentos; aparentemente tudo fica mais leve, mais fácil, mais tolerável, ao menos durante alguns minutos.

O álcool também foi – e ainda é – uma espécie de analgésico para a miséria e a fome. Até hoje é a "droga preferida" dos mendigos das ruas de todas as grandes cidades. Nunca saberemos se eles se tornaram mendigos porque eram alcoólatras ou se se tornaram alcoólatras porque eram mendigos e usavam o álcool para suportar melhor as noites de frio – daí a frase popular: "Cobertor de pobre é cachaça". Também é usado como remédio para dor-de-cotovelo, quando uma pessoa, abandonada pelo amado, vai a um bar para afogar as mágoas. Ali geralmente encontra outras pessoas em situação parecida. Isso diminui a sensação de solidão.

Talvez por causa disso, dizem que o álcool facilita a socialização das pessoas; que as torna mais expansivas, mais falantes e comunicativas. Talvez seja verdade que quando bebemos fica mais fácil "chegar" nas pessoas. Mas não porque nos tornamos mais comunicativos e sim porque nos tornamos indiferentes à reação dos outros. Ficamos mais competentes para falar, mas muito mais incompetentes para ouvir. Aliás, o bêbado fala o tempo todo, repete várias vezes a mesma história e não se preocupa em saber se os outros estão ou não interessados nela. Em geral, ele só é suportado por outro bêbado, que também não está dando nenhuma bola para ele nem prestando atenção nas suas falas repetidas. Esse outro bêbado, por sua vez, só está interessado no seu próprio discurso, que não está sendo ouvido pelo primeiro. Assim, de fato, o álcool não socializa as pessoas! Ele faz a pessoa discursar até para uma plateia de "defuntos", em que os outros apenas "parecem" estar prestando atenção no que ela fala. Na verdade, o álcool faz a pessoa se sentir melhor sozinha, ao menos enquanto durar seu efeito.

O álcool é também um símbolo de vitórias: é usado para todo tipo de comemoração, para celebrar conquistas, passos importantes, datas significativas, boas notícias. O vencedor de corrida de automóvel abre uma garrafa de champanhe, bebe só um gole, como convém a um bom esportista, e joga o resto sobre os outros. O noivo e a noiva bebem um da taça do outro. Natal, Ano-Novo e outras datas comemorativas, tudo é regado a álcool. Parece que a tontura que vem do álcool nos dá maior competência para suportar a felicidade. Sim, porque nem sempre é fácil ser feliz, sem medo ou culpa. Queremos muito ser felizes, mas nem sempre suportamos esse estado sem recorrer ao álcool. A felicidade nos amedronta, e o álcool nos tira o medo, pelo menos por alguns instantes.

Ultimamente mudou o significado do uso de drogas

Foi principalmente no século XX que houve algumas das mudanças mais importantes em relação às drogas. Elas foram se transformando em símbolos de status, própria de gente superior. A bem da verdade esse processo já existia nos séculos anteriores no que diz respeito ao álcool e também ao tabaco. Vinhos especiais, licores caros, conhaques envelhecidos faziam parte das adegas dos nobres e dos mais ricos entre os plebeus. Charutos especiais, enrolados a mão, eram privilégio de poucos; o mesmo valia para os fumos dos cachimbos e para os próprios cachimbos.

Foi no século XX, porém, que as comunicações se tornaram mais rápidas e importantes. É recente também a produção em larga escala daquelas – e de outras – mercadorias. Mais recente ainda é o aumento do número de pessoas com poder econômico para consumi-las. Então, os meios de comunicação, a produção industrial em grande escala e o advento do capitalismo (que ampliou o número de pessoas com poder de compra) começaram a estimular as pessoas a consumir mercadorias. Surgiram, assim, os recursos da propaganda, ou seja, anúncios divulgados pelos novos meios de comunicação, para despertar o desejo de consumo nas pessoas.

Pessoas mais pobres passaram então a sonhar com as coisas que não tinham, com as coisas dos ricos. Pessoas mais jovens passaram a sonhar com as coisas dos mais velhos. Adolescentes, com as coisas dos adultos. Na minha geração, adolescente nos anos 1950, o grande sonho era fumar cigarros. Exatamente como víamos fazer os nossos pais e os nossos ídolos no cinema. A televisão apenas nascia no Brasil e ainda não exercia nenhuma influência. Os astros de Hollywood... ah! eles, sim, nos encantavam. Guardavam os cigarros sem filtro dentro de lindas cigarreiras de prata. Acendiam esses cigarros com enormes isqueiros, que tinham de ser abastecidos com fluido frequentemente. Pareciam tão exóticos! Tão sensuais! E, principalmente, cheios de autoconfiança, que era o que mais nos faltava.

Desde os 8 ou 9 anos de idade já começávamos a sonhar com essa fase posterior da vida, que parecia tão cheia de encantamentos. (Aliás, naquele tempo não era muito bom ser criança, pois criança não tinha vez; então, todo o mundo não via a hora de crescer. Nesse particular aqueles tempos eram bem diferentes dos de hoje, em que muitos jovens não querem se tornar adultos de jeito nenhum!) Nós nos colocávamos na frente do espelho, com um cigarro apagado na boca, e passávamos horas fazendo caras e bocas imitadas dos astros do cinema. Mocinhos fumavam o cigarro de um certo jeito; bandidos, de outro. Uns imitavam os mocinhos; outros, os bandidos.

As mulheres mais atrevidas e sensuais também fumavam. Usavam longas piteiras. Porém só fumavam em locais fechados. Naquele tempo "mulher direita" não fumava na rua. O cigarro representava um forte símbolo erótico; era um sinal de ousadia, de liberdade até mesmo sexual para as moças (acho que até hoje é um pouco assim). Para os rapazes era sinal de que já estavam ficando adultos, de que já estavam entrando na fase do jogo erótico. Com um cigarro na boca, ele se sentia mais seguro, mais autoconfiante, com mais coragem para abordar uma moça, ou tirá-la para dançar num baile. Porém, era fundamental saber tragar, inspirar profundamente a fumaça. Isso, nas primeiras vezes, provocava uma tontura ruim. Mas era sinal de que se era macho – e adulto.

A propaganda dos cigarros era feita de modo sutil e inteligente. Cada vez mais associávamos ao uso de determinada marca os símbolos de masculinidade, riqueza, charme e status social. Algumas marcas eram mais femininas e não podiam ser usadas pelos rapazes. Existiam os cigarros nacionais e também os americanos. Só fumava cigarros americanos quem viajava ou tinha dinheiro para comprá-los do contrabandista. Influenciados pela propaganda, aprendemos, desde pequenos, a colecionar maços vazios, dando mais valor aos estrangeiros. Sem perceber, éramos induzidos ao consumo dessa droga. Na época, ainda não se conheciam os malefícios da nicotina. Não havia, portanto, nenhuma restrição a esse fantástico jogo publicitário que associou o uso do cigarro ao fato de ser adulto, vigoroso, sensual, independente, ousado, corajoso etc.

O mesmo ocorria com as bebidas alcoólicas. Os astros do cinema tomavam um trago de bebida forte cada vez que tinham de dar uma notícia grave e importante ou quando acabavam de receber uma notícia, boa ou má. Bebida estrangeira no Brasil também era símbolo de status social. (Aliás, até hoje vivemos essa triste mentalidade de não dar valor a nada que seja nosso.)

Talvez por causa do gosto amargo e forte, talvez por causa do efeito poderoso sobre o estado psicológico e físico, a verdade é que a maioria dos adolescentes, na minha época, não gostava de bebidas alcoólicas. Nós até que nos esforçávamos: misturávamos rum com Coca-Cola, para conseguir beber. Mas não gostávamos do gosto nem do efeito. Apenas bebíamos para parecer adultos e talvez para adquirir um pouco mais de coragem de "chegar" nas moças.

Nos últimos anos, entretanto, aconteceram mudanças dramáticas quanto ao uso do álcool entre pré-adolescentes e adolescentes. A ingestão de álcool – assim como de outras drogas – vem se tornando cada vez mais comum a partir dos 13 anos de idade. Essas alterações determinaram o surgimento de novas bebidas que adicionam pequenas quantidades de álcool aos refrigerantes que sempre foram sucesso entre os jovens. Aliás, a outra novidade é que as moças têm passado a usar drogas na mesma proporção que os rapazes, o que não acontecia há alguns anos!

Com as drogas
proibidas não é diferente

O esquema da propaganda, de associar liberdade sexual, sensações de superioridade e de vaidade em geral aos produtos que se deseja vender, é usado também em relação às drogas proibidas. É claro que aí as coisas não são feitas por meio da televisão. Mas no cinema dos anos 1960 e 1970, por exemplo, novos heróis, liberados e irreverentes, apareciam fumando maconha. Sabíamos, por fontes variadas, que nossos ídolos da música popular usavam maconha porque ela – diziam eles – lhes aumentava a sensibilidade. Nos anos 1980 passamos a ter informações dos "maravilhosos" efeitos da cocaína e de que as estrelas do rock cheiravam essa droga constantemente.

Não devemos subestimar a eficiência dessas formas mais sutis de propaganda. Elas funcionam do mesmo modo que funcionavam as propagandas de cigarros – hoje prejudicadas pela necessidade de se informar que a nicotina faz mal à saúde. Elas não aparecem na televisão, mas estão nas revistas, no cinema, chegam até nós por diversas fontes. Nossos heróis fumam maconha e cheiram cocaína; logo, nós também queremos fumar ou cheirar. Especialmente quando temos 14, 15 ou 16 anos de idade e estamos vivendo os dramas próprios dessa época da vida. Achamos, então, que poderemos ser iguais a eles se fizermos as coisas que eles fazem, se vestirmos as roupas que eles vestem, se ouvirmos suas músicas, se usarmos as drogas que eles usam.

Acreditamos que, copiando os hábitos e o modo de ser e de viver de nossos heróis, teremos as mesmas facilidades que eles têm com as mulheres, seremos desejados por elas, coisa que não sentimos acontecer na nossa vida real. Por outro lado, se agirem como suas heroínas, muitas jovens acham que poderão ser tão assediadas pelos homens quanto elas. De uma forma ou de outra, seremos especiais, e tudo de bom vai acontecer para nós. Seremos criaturas superiores, enfim. Basta que façamos tudo que nos é sugerido pela propaganda de cigarros e bebidas, ou, de modo mais sutil, pela que promove a maconha e a cocaína.

Cá entre nós: é difícil imaginar coisa mais sem sentido do que essa associação, que está na base de quase todas as propagandas – a de que imitando uma pessoa seremos iguais a ela, e que ser igual a alguém nos faria felizes. A propaganda se aproveita da enorme necessidade que o jovem tem de se afirmar para lhe vender todo tipo de mercadoria. Ele veste a calça tal, usa o tênis de certa marca, fuma o cigarro X, bebe a cerveja Y, fuma maconha para se sentir mais sensível e relaxado, cheira cocaína para se sentir mais forte e excitado. A moça usa o perfume A para ser mais sensual e o xampu B para provocar mais os rapazes, fuma maconha para ser mais ousada e livre de preconceitos etc. O rapaz se sente superior, mais competente para a conquista erótica; a moça, mais apta a ser desejada pelos homens mais cobiçados.

Penso que o superior, o verdadeiro ganhador é aquele que é capaz de refletir e reagir de modo crítico em relação a tudo isso. Achar-se melhor e mais apto para a vida adulta simplesmente porque se transformou na pessoa que possui tudo o que a propaganda nos impõe é perder o senso do ridículo. Superior, ganhador é aquele que se preserva e não o que se submete. Ganhador é o que pensa e age segundo suas próprias convicções. Perdedor é o "papagaio" que copia a quem quer que seja, inclusive o mais encantador dos ídolos. Cada pessoa é única, e copiar os outros nunca vai levar a parte alguma.

Hábito. Vício. Dependência

Quanto mais penso sobre a questão do vício, mais impressionado fico com uma frase que ouvi de um amigo muito querido. Ele já foi viciado em todo tipo de droga; hoje é totalmente abstêmio: não come nem chocolate que tenha licor. Um dia ele me disse o seguinte: "Estou convencido de que o primeiro vício de todos nós é a chupeta!". Na hora tive aquela sensação, que já se repetiu em mim algumas vezes, de ter ouvido algo de muito importante, de fundamental. A sensação de que um quarto escuro se ilumina, de que tudo fica esclarecido, acompanhada de uma sensação de paz e de euforia ao mesmo tempo.

Vamos refletir um pouco sobre o modo pelo qual a chupeta entra na nossa vida. A criança pequena é muito insegura e desprotegida. Ela não é capaz de fazer nada sozinha e, se não receber cuidados em todos os aspectos, fatalmente acabará morrendo. Ela é totalmente dependente da mãe. Sempre que a mãe não está por perto, a criança se sente desamparada, desprotegida, especialmente se necessita de alguma coisa. A condição de dependência absoluta das crianças é terrível. Os outros mamíferos recém--nascidos também são dependentes da mãe, mas não tanto quanto nós. Além do mais, a fase de dependência deles é curta. Em poucas semanas são capazes de se virar por conta própria. Nós não. Precisamos de vários anos para poder comer, nos trocar e nos lavar sozinhos.

A sensação de desproteção e de desamparo é horrível. Ela se atenua quando a criança está perto da mãe, principalmente quando está no seu colo. E ainda mais quando está mamando, sugando o seio da mãe. Aos poucos as crianças associam o ato de mamar, de sugar, com a atenuação da sensação dolorosa de desproteção. Estar no colo da mãe, alimentando-se em seu seio, é o maior alívio para a solidão e a insegurança das crianças bem pequenas. Quando estão longe dela, quando não podem nem mesmo vê-la, entram em pânico; começam a chorar desesperadamente, para ver se com isso alguém as vem socorrer. Ou seja, o que se costuma chamar de manha da criança é, na realidade, uma sensação psicológica terrível de abandono e total desproteção.

Parece que é por meio da boca que experimentamos as primeiras sensações de aconchego e de proteção. É na hora da amamentação que nos sentimos bem próximos e aconchegados a nossas mães. E foi provavelmente a partir dessas observações que se inventou a chupeta. Percebendo que as crianças se acalmavam quando tinham na boca algo parecido com o bico do seio, alguém inventou a chupeta. Sim, porque uma coisa que as crianças fazem espontaneamente é chupar o dedo; e com isso também se sentem mais calmas e apaziguadas.

A criança está chorando desesperadamente. A mãe, muito ocupada e sem condições de lhe dar atenção, põe-lhe uma chupeta na boca. A criança começa a chupá-la com avidez. E se acalma! Pode não ser tão bom como sugar o seio, mas é o suficiente para ocupá-la e distraí-la por algum tempo. Depois de certo número de repetições desse processo, a criança vai se tornando dependente da chupeta! Não sabemos mais se ela quer a mãe, a chupeta, ou as duas! O que era, no início, um substituto pouco atraente da mãe aos poucos vai se tornando uma peça importante por si mesma. A criança se apega a uma chupeta em especial, com uma cor e um modelo bem conhecidos. Não consegue dormir se não a tiver na boca. Às vezes só o fato de tê-la por perto já a faz sentir-se mais calma, mesmo que não a coloque na boca. Ao contrário, estará nervosa e insegura só de saber que não tem a chupeta à mão.

A criança se tornou, assim, dependente da chupeta. Está viciada no seu uso. Sua ausência provoca grande angústia e pode trazer de volta todo o desespero próprio da condição de abandono e insegurança. A chupeta passa a ser, para ela, um símbolo de segurança; uma simples peça de borracha torna-se um objeto muito querido É a substituta da mãe; parece que uma parte do amor que sente pela mãe se transferiu para a chupeta, com a qual a criança estabeleceu um vínculo amoroso. Agora, chora a sua ausência, do mesmo modo que chora a ausência da mãe.

Dependência psicológica e dependência física

As pessoas viciadas em drogas, e que não querem admitir que o são, gostam de dizer que o vício corresponde à existência da dependência física de uma droga. Antigamente se costumava definir vício assim. Era uma definição muito tolerante para com os vícios em geral. Além do mais, refletia a mentalidade que reinava na medicina até há uns cinquenta anos, quando os aspectos psicológicos eram encarados como pouco importantes, sendo considerados frescura. Por esse tipo de definição, só seria viciada em álcool, por exemplo, a pessoa que acordasse trêmula, suando frio e sentindo uma angústia brutal; esses seriam os sinais mais evidentes da falta que o organismo estaria sentindo do álcool. A dependência física se estabelece aos poucos, ao longo de dez a vinte anos de uso diário de uma boa quantidade de álcool. O organismo se acostuma à presença do álcool e não sabe mais viver sem ele.

A dependência física, quando existe, é muito grave. Mas a pessoa pode se considerar viciada mesmo quando não existe essa dependência. Até hoje se discute muito se a maconha, por exemplo, provoca dependência física ao longo de anos de uso regular. Pode ser até que não provoque. Mas que a pessoa fica viciada no seu uso é certo que fica. Sim, porque além da dependência física, existe também a dependência psicológica. E esta, que durante anos foi encarada como a mais simples, é a mais grave e a mais difícil de tratar. Um alcoólatra pode se internar num hospital para desintoxicação. Ao final de, digamos, duas ou três semanas estará livre da dependência física do álcool. Mas sentirá uma brutal saudade de beber. Aliás, sentirá saudade de todos os rituais associados à bebida: o bar, o tintim, o copo cheio de gelo, aquela marca especial de vodca etc. Se bobear, ao sair do hospital totalmente desintoxicado, irá direto para o bar, para onde a dependência psicológica o leva.

A dependência física agrava bastante o problema dos vícios, especialmente daqueles que envolvem alguma substância química capaz de provocar efeitos sobre o sistema nervoso. É o caso do álcool, da maconha, da cocaína e talvez da nicotina. Além dos rituais ligados ao uso da droga, existe uma vontade de que aquele efeito euforizante, relaxante ou excitante se repita. E a vontade de que esses estados de espírito se repitam leva a pessoa a usar novamente as drogas, mesmo se elas não causarem dependência física. Isso é verdadeiro principalmente quando uma droga provoca um efeito inicial bom e um efeito final desagradável. Nesse ponto da "viagem" a pessoa tenderá a querer muito se livrar do efeito desagradável usando mais um pouco da droga. Por exemplo, a cocaína é uma droga excitante. Quando seu efeito está no fim, ela provoca um estado de depressão, que é muito desagradável. Aí a pessoa tende a usá-la de novo para se livrar desse efeito desagradável. Esse círculo vicioso pode ser fatal e, por si só, provocar a dependência física e psicológica.

O grande problema relacionado com os vícios é o da dependência psicológica. Ela é muito mais forte e mais difícil de tratar do que a dependência física. Tenho uma grande experiência pessoal com o cigarro, que serve muito bem de exemplo para o estudo dos vícios, principalmente porque o cigarro é uma das drogas que mais viciam. A maior parte da população brasileira ingere algum tipo de bebida alcoólica uma vez ou outra, mas só uma pequena porcentagem tende a se viciar em álcool. A maioria das pessoas acha gostoso beber, mas não dá importância ao fato de ter de ficar um tempo mais ou menos longo sem o seu aperitivo. No caso do cigarro, as coisas são diferentes. Quase todas as pessoas que fumaram algumas vezes passaram a ser fumantes regulares e, portanto, se viciaram. Aqui a estatística é a inversa: 90% dos que fumam por brincadeira acabam se viciando.

Comecei a fumar cigarros, como uma boa parte das pessoas da minha geração, aos 12 ou 13 anos de idade. Naquele tempo – estávamos nos anos 1950 – não se sabia nada acerca dos malefícios da nicotina. Não se sabia que a inalação daquela fumaça estava relacionada com o aumento da frequência de cânceres de pulmão, de pressão alta e de doenças do coração. Isso só se soube com clareza no fim dos anos 1960. Então eu já estava mais do que viciado e não conseguia, em hipótese alguma, me separar daquele pequeno cilindro branco que tanta companhia me fazia. Sua presença me dava segurança. O maço no bolso da minha camisa me fazia forte. Era como o espinafre para Popeye ou os cabelos para Sansão.

Parei de fumar duas vezes. Espero que a segunda vez tenha sido a última! Durante os primeiros dias, a falta física, aquela vontade desesperadora e dramática de estar com o cigarro, aparece por alguns minutos, em seguida desaparece e reaparece depois de algum tempo. A partir da segunda ou terceira semana, a falta é bastante suportável. Do ponto de vista físico, só existem vantagens quando se para de fumar. A respiração melhora, o fôlego aumenta, e a tosse desaparece. O sono melhora, e a inquietação diminui. Afinal, a nicotina é um discreto estimulante para a maior parte das pessoas. A dependência física se resolve em poucas semanas, e as vantagens para o corpo são enormes.

Meus pulmões nunca mais sentiram falta da fumaça. A boca, porém, se ressente da "chupeta" até hoje. Às vezes, tenho saudade do cachimbo – fumei cachimbo nos dois períodos que antecederam à parada total com o tabaco. Tenho saudade do charme que ele tem, do aroma agradável de seus fumos. Tenho saudade daquela coisa na boca que a gente "chupa" sem parar. Tenho a permanente sensação de que alguma coisa está faltando na minha boca. Ela nunca parece estar completa. Nem mesmo quando eu acabo de comer. Está sempre inquieta, procurando uma bala, uma goma de mascar, algo para se entreter. É possível que essa inquietação seja anterior ao cigarro. É provável que o cigarro tenha entrado na minha vida para amenizar essa inquietação. Quando o cigarro foi embora, a inquietação reapareceu. Porém, do ponto de vista psicológico, parece que ela apareceu por falta do cigarro! É por isso que nos apegamos tanto ao cigarro: parece que ele nos salva de um desgosto muito forte. Parece também que é ele que pode nos salvar da presença de sensações dolorosas e desagradáveis, relacionadas com as nossas primeiras sensações de abandono e de desproteção.

A ausência do cigarro fica relacionada, portanto, com o reaparecimento – que mais parece um aparecimento – das nossas angústias mais profundas. O vínculo que se estabelece entre o indivíduo e o cigarro não é uma coisa simples, banal; é uma coisa muito forte e profunda. Daí a dificuldade que as pessoas têm de largar o vício de fumar.

Hábito e vício

Estou usando sempre a palavra "vício". Mas já pode ter passado pela sua cabeça a pergunta: "Será que vício e hábito são a mesma coisa?". Eu respondo que não, e que é importante distinguir um do outro. Em primeiro lugar, costuma-se dar um valor profundamente negativo ao vício, enquanto o hábito é aceitável. Por exemplo, os viciados, na maioria, gostam de pensar – e de dizer – que não são viciados. Dizem que apenas têm o hábito de tomar "um ou dois uisquinhos" no fim do dia, ou de "puxar um fuminho" à noite, para relaxar, enquanto ouvem música. Quer dizer: os defensores do uso das drogas dizem que elas não viciam, que são apenas um hábito, para escapar daquele valor fortemente negativo que acompanha a palavra "vício". Mas acho uma bobagem nos preocuparmos tanto com essa palavra. O problema maior das drogas não é que elas viciam, é que elas fazem mal. Secundariamente, que viciam. Só devemos nos preocupar com os vícios relacionados a coisas que nos fazem mal.

Eu, por exemplo, só parei de fumar cigarros porque estava mais do que provado que eles faziam mal à minha saúde, e não porque estava viciado neles. Entretanto, foi muito difícil parar de fumar justamente porque eu estava viciado – isso sim! Há pessoas "viciadas" em exercícios matinais que não saem de casa sem que os tenham feito; ou aquelas que não põem uma roupa limpa sem antes tomar uma chuveirada, ou que... Enfim, dá para pensar num montão de vícios nos quais não há mal algum.

Tanto no que chamamos de hábito como nos vícios existe uma certa dose de dependência psicológica. Prefiro definir dependência psicológica como o estabelecimento de uma relação afetiva, amorosa, entre a pessoa e determinado objeto. No caso da chupeta, as coisas são bastante claras: sai a mãe, e entra a chupeta! A criança constrói um vínculo amoroso com aquele objeto. Quanto mais forte for o vínculo, maior será a dor no caso de haver uma interrupção nessa sua relação com o objeto. Quando o vínculo é muito forte, a dor relacionada com a possibilidade da perda do objeto pode ser tão grande que impede a ruptura, mesmo quando é essa a vontade da razão. Por exemplo: uma criança já está com 4 ou 5 anos de idade; tem de ir para a escola e deve ir sem a chupeta. Pode ser que ela prefira não ir à escola a abrir mão do seu vício; ao menos nos primeiros dias. E isso não será apenas manha de criança mimada. Significa que ela se apegou intensamente à chupeta.

É comum que essa criança só consiga largar a chupeta quando passar a chupar o dedo polegar ou a roer as unhas. Nesse caso a dependência afetiva e também a segurança emocional terão se transferido do objeto externo para uma parte do próprio corpo, mas que é tratada como se fosse externa. O importante é ter alguma coisa para entreter a boca – a região mais delicada do ponto de vista das lembranças infantis relativas a abandono e insegurança.

A segurança emocional poderá ser transferida de novo, lá pelos 6 ou 7 anos de idade, para o ato de comer – em particular, doces e, principalmente, barras de chocolate. É um período em que muitas crianças começam a engordar, justamente por causa disso. Se forem obrigadas a subtrair os doces da dieta, sofrerão muitíssimo, pois já estavam se viciando neles, novo objeto de amor, novo remédio para a insegurança e o abandono. Depois da comida, ou junto com ela, podem chegar as gomas de mascar. Aliás, nada é tão parecido com a chupeta como a goma de mascar! Uma é mais para chupar, e outra é para morder – essa é a única diferença. Mais tarde, a necessidade de segurança poderá ser satisfeita pelo cigarro, pela maconha, pela cocaína etc.

Podemos dizer que existe hábito quando a dependência psicológica é pequena, ou seja, quando o fato de abandonar aquela prática ou aquele ritual nos entristece um pouco, mas não a ponto de nos deixar pensando no assunto o dia inteiro. É o caso, por exemplo, da maior parte das pessoas que toma um aperitivo ou uma cerveja no fim do expediente de trabalho ou nos fins de semana. Se o médico lhes prescreve uma medicação que exija a supressão do álcool, elas seguem a recomendação sem qualquer sacrifício. O mesmo acontece com uma pessoa que gosta muito de doces, mas não é tão dependente assim deles: se tiver de abandoná-los por certo tempo, não sentirá mais do que uma pequena falta.

Na realidade, o hábito corresponde a um bom amigo: gostamos muito de sua companhia, mas não sentimos muito a sua falta. Já o vício se compara a um grande amor, uma grande paixão: a convivência pode não ser tão simples, mas sentimos uma dor e uma falta brutal na sua ausência. É o que acontece com quem é viciado em bebida alcoólica e tem de parar de ingeri-la: sofre desesperadamente e não pensa em outra coisa. Exatamente como nas perdas amorosas, quando não se consegue fazer outra coisa senão pensar no amado que está longe.

Não é raro que uma relação afetiva forte se inicie como uma boa amizade; do mesmo modo é comum que a relação inicial com o álcool e com as outras drogas se inicie como um simples e agradável hábito. Nem sempre percebemos quando nosso relacionamento afetivo já não é mais uma amizade e sim um grande amor, uma paixão desenfreada. Da mesma forma, com uma droga, a passagem do hábito para o vício pode se dar de maneira lenta, gradual e imperceptível. Muitas vezes só temos consciência do nosso amor profundo por uma pessoa que antes era apenas amiga quando as circunstâncias da vida nos afastam dela, e aí sentimos uma saudade que não esperávamos sentir. Do mesmo modo, pelo grau de intensidade da falta que sentimos quando somos obrigados a nos afastar de uma droga, podemos saber se ela é um hábito ou um vício.

O que é exatamente a adolescência?

Este livro não é sobre a adolescência. Mas teremos de entendê-la melhor porque ela corresponde ao período da vida em que a maioria dos viciados se inicia no uso de drogas. É incrível como os rapazes – e agora também as moças – de 13 a 16 anos de idade são presas fáceis dos traficantes de drogas bem como dos outros viciados mais velhos. Essa é uma época particularmente delicada da vida de todos nós. Acredito que a psicologia deu pouca atenção a essa fase de transição e transformação e atribuiu uma importância exagerada à infância, como se todos os nossos problemas viessem dos primeiros anos de vida. Não subestimo a nossa época inicial, claro, mas também não desprezo o período da adolescência e os seus problemas específicos.

Os jovens vivem as dificuldades do processo de se tornarem adultos de modo muito discreto. Sim, porque não se espera que eles estejam muito mal. Ao mesmo tempo, muitos de nós nos lembramos da nossa adolescência como um período de horror, como um daqueles filmes em que temos medo o tempo todo. O adolescente tem de vivenciar as mudanças no seu corpo, especialmente no que diz respeito à função sexual; tem de vivenciar uma brutal mudança na maneira de encarar a vida, que agora precisará ser levada a sério; tem de se afastar mais ainda da sua família; tem de ensaiar os primeiros passos no caminho do amor. E tem de fazer tudo isso com ar de naturalidade, pois é assim que se espera que ele passe por toda essa fase.

Surgimento da sexualidade adulta

Apenas as alterações do corpo, de suas dimensões, e o surgimento das manifestações adultas da sexualidade já seriam mais do que suficientes para justificar uma enorme crise na adolescência. Principalmente porque, em geral, as crianças não são preparadas para isso, e, assim, levam um grande susto quando se veem diante de tantas modificações. Por mais que se esteja tentando prepará-las para entender o fenômeno erótico, a verdade é que nossa educação sexual ainda é muito precária e superficial. Além do mais, existe a questão do entendimento: uma coisa é conhecer intelectualmente um assunto, outra é senti-lo na pele.

Não vou falar muito a respeito desse tema, mas costumo sugerir que os jovens se informem ao máximo sobre a sexualidade, suas diferenças em relação ao amor, o problema da vaidade, além das grandes diferenças que existem entre os sexos. Nesse último aspecto, os moços é que levam o susto maior: crescem com a ideia de que são o sexo mais importante, o sexo forte. E o que acontece na adolescência? São obrigados a perceber que sentem um desejo visual pelas moças muito maior do que o que elas sentem por eles. E não estavam esperando por essa! Desejam loucamente as mulheres, e elas manifestam interesse bem menor, ao menos do ponto de vista puramente sexual. Então, geralmente eles se sentem por baixo, profundamente inseguros e inferiorizados. Atribuem isso às suas limitações físicas: porque são baixos ou gordos, têm pênis pequeno, orelhas enormes, nariz grande, ou são magros demais, e assim por diante. Não conseguem perceber que o fenômeno é geral, que a visão é mais importante na sexualidade masculina do que na feminina.

Como as moças, em geral, não têm esse tipo de estimulação sexual, podem se interessar pelos rapazes de forma mais sofisticada, mais racional. É claro que a beleza masculina é uma coisa importante e que, hoje em dia, está sendo muito valorizada. Mas a inteligência, a capacidade de se destacar pelos dotes atléticos, artísticos e outros, além do caráter e do temperamento, tudo isso também conta muito para que as mulheres se interessem pelos homens. Além de sua posição social e econômica, coisa que para algumas mulheres é o mais importante. Sem que tenhamos muita consciência, esse fator estimula bastante a competitividade e a disputa entre os homens, características talvez mais próprias dos machos, até por razões hormonais – pelo menos é assim nos outros mamíferos. O fato de o interesse das moças ser maior pelos rapazes bem-sucedidos cria, portanto, um estímulo importantíssimo para a vaidade e disputa entre os homens. A disputa entre as mulheres também existe, mas, apesar de toda a "modernidade", ela ainda está essencialmente relacionada com a aparência física.

Do ponto de vista da vaidade, desse prazer erótico de se destacar, chamar a atenção e atrair olhares para si, a condição das moças é bem mais favorável. Ao menos das mais bonitas. O destaque dos rapazes, por sua vez, vai depender de sua capacidade de desenvolver outros atrativos. Mas nem tudo é tão simples assim do ponto de vista das moças. Além da disputa que também existe – e é, em certo aspecto, mais difícil porque a aparência física é uma coisa mais definitiva –, o maior problema da sexualidade das moças está no fato de elas serem muito assediadas e isso lhes provocar grande excitação erótica. Elas ficam em pânico, com medo de perder o controle sobre a própria sexualidade. Adorariam agir de modo mais provocativo, mas morrem de medo de se descontrolar e de não ser capazes de dizer "não" aos pretendentes. Os homens se frustram porque não são desejados. As mulheres entram em pânico porque são desejadas demais! E todo mundo acha que o outro sexo, sim, é que está numa boa.

Nesse sentido, há avanços interessantes determinados pelo que os jovens chamam de "ficar": trocas de carícias descompromissadas entre rapazes e moças da mesma idade e condição social. O "ficar" foi "inventado" pelos próprios pré-adolescentes, talvez numa tentativa de imitar o comportamento dos adultos. O fato é que tem ajudado as moças a perder o medo de sua sexualidade e tem contribuído para que os rapazes se sintam menos rejeitados e menos frustrados. É avanço de repercussões positivas que deve ser mais bem avaliado.

Tomada de consciência da condição de adulto

Pode parecer que não, mas existem enormes dificuldades relacionadas com a passagem para a vida adulta, mesmo para aqueles que desde pequenos foram educados para o dever e a responsabilidade. Na realidade, estes são uma minoria. Em geral as famílias tratam as crianças com muitos mimos e lhes dão facilidades que depois precisarão ser suprimidas. E isso é uma coisa muito difícil. É como baixar o salário de uma pessoa que passa a exercer funções mais delicadas e complexas. Ou seja, os jovens, na maioria, vivem uma grande crise na adolescência, relacionada com a necessidade de assumir responsabilidades para as quais não foram alertados e muito menos preparados.

Quando a criança bate no irmão menor, ou comete qualquer outro tipo de erro similar, por exemplo, ela leva uma bronca e pode até mesmo ser posta de castigo; quando dá sinais de que percebeu o seu erro e se arrependeu do que fez, acabam todas as punições, desaparece a cara feia dos adultos. Em outras palavras, o erro da criança tem consequências dolorosas por certo tempo, mas no final tudo volta a ser como era antes.

Na vida adulta as coisas não são assim. Há copos que se quebram para sempre. Há erros que não são perdoados. Se magoarmos alguns amigos, ganharemos inimigos para a vida toda. Não é tudo reversível como na infância: há coisas irreversíveis; há erros irreparáveis. Uma criança atropela alguém com sua bicicleta – isso poderá lhe custar um susto e algumas repreensões mais sérias. Um adulto atropela e mata uma pessoa com seu automóvel – isso poderá vir a persegui-lo por toda a vida, como um pesadelo, ligado ao remorso. E não adiantará pedir desculpas para os familiares do morto, pois eles não aceitarão. Provavelmente vão querer ver o agressor na cadeia, pagando pelo seu erro, ainda que involuntário.

Lá pelos 16 ou 17 anos de idade começa a surgir uma outra preocupação, vivida de modo intenso: dentro de poucos anos, o indivíduo terá de ser capaz de se sustentar, caso contrário, poderá até passar fome. Isso também é bastante diferente da maneira de encarar da criança, pois para ela o único castigo para suas irresponsabilidades – como, por exemplo, não ser aprovada na escola – era a cara infeliz dos pais ou a ausência de um presente desejado. Agora não: se falhar, talvez não tenha o que comer. Se não conseguir aprovação no vestibular, o adolescente poderá ser condenado a alguma atividade profissional medíocre e mal remunerada, o que o fará sentir-se humilhado, inferiorizado em relação aos irmãos, aos primos, aos colegas da rua e do clube. Não terá muitas chances com as moças mais bonitas e cobiçadas, que darão preferência a quem consideram vencedores e não vão querer saber daqueles que acabam rotulados como perdedores.

Em uma frase: o que era brincadeira virou coisa séria. Se a infância era um jogo-treino, a partir da adolescência o jogo vale pelo campeonato! Quem perder perdeu. Não haverá uma segunda ou terceira chance, como parece acontecer quando somos crianças. Um outro ingrediente, além desse aspecto prático que faz o jogo virar sério, tem que ver com a vaidade, com a vontade que temos de nos destacar, de chamar a atenção e de ser olhados com admiração. Essa sensação erótica difusa e deliciosa que surge quando percebemos que estamos sendo admirados – ou cobiçados, como é muitas vezes o caso das moças mais bonitas – já deu seus primeiros sinais de vida na infância. Mas ela ganha força mesmo é com o surgimento da sexualidade adulta.

A vaidade toma conta de tudo; passa a fazer parte de tudo; é um ingrediente importante em todas as nossas motivações. Passamos a buscar o sucesso porque ele faz bem para a nossa vaidade. O sucesso nos destaca, nos faz especiais e únicos. E o que acontece quando perdemos no jogo? Sentimo-nos fracassados, diminuídos, inferiorizados. Sentimo-nos humilhados, que é o oposto da sensação agradável que vem do sucesso, da vaidade bem-sucedida, do reconhecimento. A partir daí, tudo o que fazemos envolve um risco de fracasso, de humilhação. Ser aprovado ou reprovado no vestibular passa a ser uma questão de vida ou morte para muitos rapazes. Para outros a disputa maior está em alguma outra atividade, esportiva ou artística. Há também um bom número daqueles que aparentemente não ligam para nada, não estão "nem aí" para as coisas sérias da vida. Parecem ter "cabeça fresca"; são criaturas que não se angustiam com nada, que não temem o fracasso nem "curtem" o sucesso. Apesar da pose e do jeito de superiores, fazem parte dos que já se consideram perdedores no jogo da vida. O medo do fracasso é tão grande que preferem nem arriscar. E, por falta de riscos, geralmente passam a vida no mesmo lugar, estagnados, paralisados pelo medo de errar.

Afastamento da família e maior aproximação com o grupo

Vários fatores levam os jovens a se afastar mais dos seus pais e se aproximar das pessoas da sua idade. Algumas razões são óbvias e práticas: muitas das suas atividades e preocupações não interessam aos seus pais e vice-versa. Muitas das conversas giram em torno de assuntos que os adolescentes têm em comum e que não conversam com os pais: os problemas escolares, as piadas dos professores ou dos colegas, as "paqueras" no clube, os projetos de ir acampar nas férias, o surfe etc. É verdade também que os jovens não costumam se interessar pela bolsa de valores, pela inflação e outros problemas da economia, pelas bodas de ouro dos avós etc. Penso que isso é normal e salutar tanto para os pais como para os filhos.

Um outro fator está ligado à necessidade que o jovem tem de ir construindo sua própria identidade, ir formando seus próprios pontos de vista. Para isso, na prática, ele tende a se opor a tudo o que seus pais pensam e confunde ser independente com ser do contra. Também tem sentido esse procedimento, desde que seja temporário. Sim, porque é evidente que na maioria das vezes são os pais que estão com a razão. E não adianta nada ser independente e pensar tudo errado. Além do mais, quem pensa errado e age de acordo com o que pensa chegará a resultados inesperados e ruins.

O fato de ser do contra costuma irritar os pais, que não estão acostumados a ser contrariados em tudo, a ser questionados em todas as suas posições, ainda mais por um "pivete que mal largou as fraldas". Começa então uma briga mais séria, que impulsiona o jovem para fora de casa. Com os amigos ele se sente compreendido; em casa se sente rejeitado. Só vai para casa para comer, dormir e pegar a mesada. Quando não tem para onde ir, tranca-se no quarto e fica ouvindo música. Com os amigos o negócio é diferente: sonham juntos com o futuro; pensam nas conquistas amorosas, nos sucessos eróticos; conversam sobre esporte, sobre a festa que irá acontecer e sobre a que já houve.

Com a turma o jovem se sente bem; em casa só critica e se sente criticado. Vai se ligando cada vez mais aos amigos e se desligando cada vez mais da família. Esse é, de fato, o grande objetivo a ser atingido: o jovem cresceu e agora terá de se preparar para começar a voar com as próprias asas.

É pena que isso se dê de forma tão agressiva e tão mal elaborada, tanto da parte dos pais como da dos filhos. Os pais têm de entender que, a partir de certo momento, seus filhos agirão de acordo com suas próprias ideias e convicções. Por sua vez, os filhos precisam compreender que isso não é nada fácil de ser tolerado pelos pais, pois eles eram crianças dependentes há poucas semanas. Os filhos precisam compreender também que agir por conta própria nem sempre os levará por caminhos que agradam aos pais. Estes, mesmo não podendo fazer nada contra, não podem deixar de ficar tristes e de intimamente desaprovar aquela conduta. É da vida; ser adulto tem esta outra consequência: nem sempre nossos atos agradam a todas as pessoas que nos cercam.

O afastamento da família é, pois, inevitável e uma coisa por si favorável. É bem verdade que o jovem ganha da turma muito da força que ele demonstra ter ao fazer essa arrancada para fora da família. À medida que se sente benquisto e bem-aceito no grupo de amigos, ele pode romper alguns dos seus laços com os pais. Mas, na realidade, os jovens não estão se tornando tão independentes quanto pensam. Estão trocando a dependência da família pela dependência da turma de amigos. Não precisam mais ser bem-aceitos pela família, mas não podem decepcionar, de jeito algum, os amigos!

Medo e desejo de relações amorosas

As tensões que surgem nas relações familiares determinam um afastamento que deixa um vazio preenchido pelo grupo de amigos. Depois, o vazio deixado pelo empobrecimento da relação afetiva com a família pede mesmo é uma namorada – ou namorado (na realidade, quase todas as dificuldades afetivas dessa fase são iguais para ambos os sexos).

Quando estão com a turma, conversando e sonhando em voz alta, os rapazes quase só falam das moças, e a recíproca é verdadeira. Falam dos seus sonhos românticos de ter uma pessoa especial em sua vida, para compartilhar os planos do futuro, para passear de mãos dadas, abraçados, como veem tantos casais andando pelas ruas. Mas quem de nós tem coragem de chegar perto da moça que tanto nos encanta? E se ela nos rejeitar? Com que cara ficaremos perante os amigos? Como conviver com tamanha humilhação? É quase sempre impossível correr risco tão grande. Aí o rapaz sonha com a moça e seu namoro com ela, mas não tem coragem de abordá-la. A moça pode estar sonhando com ele – ou com algum outro –, mas na prática é justamente quando está perto daquele que mais lhe interessa que ela fica mais inibida e dá ares de quem não quer nada. É o mesmo medo da humilhação decorrente do fracasso: dar sinais de interesse e o rapaz não se aproximar...

Além desse medo da rejeição e da humilhação decorrentes do fracasso, há também um outro, menos visível, mas talvez mais importante: o medo do sucesso! E se a moça que me interessa topar me namorar? E aí, o que é que eu faço? Vou me ligar demais nela e perder totalmente minha liberdade recém-adquirida; vou ficar totalmente dependente dela. E se ela não me quiser mais, como é que eu vou ficar? Será que vou aguentar a humilhação e a dor do abandono e da rejeição? Não, é melhor não correr esse risco. É melhor continuar sonhando com o romance. Ainda não é a hora de vivê-lo na realidade. É preciso mais coragem e mais estrutura do que costumamos ter nessa fase dos 14 aos 16 anos de idade. Lá pelos 17 ou 18, talvez seja mais fácil; por ora, é melhor continuar só "ficando".

Adolescência e o início da luta entre dependência e independência

As aflições dos jovens em relação à questão do amor retratam muito bem o problema maior dessa fase da vida, segundo o meu ponto de vista: é um período em que surgem fortes tendências para a independência e para a individualidade em criaturas que até há pouco tempo queriam mesmo era ser dependentes. A independência dá medo e também fascina. É atraente, erótica, faz bem para a vaidade, mas, ao mesmo tempo, deixa um vazio na boca do estômago, uma sensação de profunda solidão. As ligações afetivas com a família causam a sensação de aconchego e fazem desaparecer esse vazio. Porém são elos incompletos e repetitivos, que não nos interessam mais, pelo menos não da mesma forma que antes. Por outro lado, os laços românticos mais fortes nos atraem, mas envolvem riscos que ainda não estamos prontos para correr. Eta situação difícil! Se correr, o bicho pega; se ficar, o bicho come. Agora, o mais importante de tudo isso é os jovens saberem que nós, adultos, na maioria dos casos, também não conseguimos resolver completamente esse dilema – talvez nem exista uma solução completa e definitiva para ele. Senão, fica a impressão de que os jovens são fracos e idiotas por não conseguirem resolver dificuldade tão simples; e isso não é verdade mesmo! Talvez o que aconteça com muitos adultos é que eles compreendem mais claramente que ainda não conseguimos encontrar uma solução completamente satisfatória para essa dupla tendência que existe em nós.

Da nossa fase infantil sobra essa nostalgia de ligações profundas, estáveis, e também de certa dependência. Tudo isso não desaparece completamente. Transforma-se em um desejo romântico, e também no amor à pátria, ao time de futebol, à cidade etc., e no amor a Deus, bem como na vontade de nos sentirmos integrados com todos os elementos da natureza. Nossa razão, reforçada pela vaidade – que deriva do instinto sexual –, pede que gostemos de nos sentir especiais, únicos, marcantes, originais, inesquecíveis e independentes. Queremos as duas coisas. Precisamos delas. Queremos agir por conta própria e queremos ser aceitos, admirados e queridos por todos. Entretanto, isso nem sempre é possível.

Ficar adulto não significa resolver a contradição entre dependência e independência, que surge na adolescência para acabar de vez com nosso sossego e com a sensação que tínhamos de que éramos criaturas inteiras. Ficar adulto é aceitar esse fato e buscar soluções negociadas e não soluções radicais para essa que é a nossa grande dualidade.

O início do uso de drogas está relacionado com independência

É justamente nesse período, em que surge a vontade de se tornar independente da família, que as drogas costumam entrar na vida de muitos jovens. Entre os 14 e os 17 anos de idade, a maioria dos que se tornarão viciados conhece e usa drogas pela primeira vez. Existem exceções, é claro: alguns já se familiarizaram com algum tipo de droga antes; outros só irão chegar perto delas depois dos 18 anos de idade.

Penso que não se deve desprezar essa correlação. Não é uma simples coincidência, pois acontece com grande regularidade. Uma das coisas que podem acontecer com o jovem, no esforço de se tornar independente da família, é ele se interessar por coisas que a família censuraria, que ela não aprovaria. Se, por exemplo, os pais acham lastimável que o filho, ou a filha, de 14 anos decida fumar cigarros, essa reprovação aumenta a chance de esse jovem se interessar pelo tabaco e poderá mesmo levá-lo a ultrapassar os primeiros obstáculos – pois fumar não é coisa agradável, pelo menos no início. Fazer algo que os adultos censuram pode significar para o jovem um sinal de autonomia e independência. E poderá dar-lhe forças para continuar tentando gostar do cigarro, apesar do incômodo – tosse e náusea – que ele costuma provocar.

Essa atitude será particularmente forte e verdadeira, se for a mesma adotada pelos outros membros da turma. Agir em concordância com a opinião da turma, da galera, é tão importante quanto agir em oposição aos pontos de vista da família. Se a turma valoriza o cigarro e a bebida alcoólica, todos os seus membros devem apreciá-los. Se a droga eleita for a maconha, esta será a opção de todos os jovens da turma. Sim, porque nenhum deles vai querer ser diferente dos colegas.

Aqui está de volta o conflito entre independência e dependência, de forma pitoresca. Os jovens fazem questão de ser diferentes dos seus pais e de seus padrões. Ao mesmo tempo fazem questão de estar entrosados com seus colegas. Cada um deles é o diferente em casa. Mas, de repente, vão para a esquina e lá se encontram. Como? Como um bando de "diferentes", todos iguais entre si! Com as mesmas roupas, mesmo vocabulário, mesmos vícios etc. Vão se tornando independentes da família e dependentes do grupo.

A dependência do grupo é mais forte do que se pensa. Acredito mesmo que a principal razão que leva um rapaz ou uma moça a usar uma droga qualquer pela primeira vez seja para não ser malvisto pelos colegas ou pela turma. As turmas sempre têm um líder, alguém respeitado como o mais importante. E é ele quem costuma trazer para o grupo as novidades. É comum que essas novidades venham de um outro grupo, onde o líder desse primeiro grupo é apenas um membro menos importante. Por exemplo: o líder de um grupo pode ter um irmão mais velho e frequentar a turma dele, onde é considerado um indivíduo qualquer. Se na turma do irmão se decide fumar maconha, ele certamente irá experimentar. Depois levará a novidade para o seu grupo, onde ele é o líder. E o fato de conhecer mais do que os outros sobre a maconha, de já tê-la fumado, reforçará a sua posição de líder. Ou seja, todo líder tende a levar coisas novas para o grupo, em razão do seu interesse pessoal de continuar despertando a admiração dos liderados.

Pouquíssimos jovens têm força interior para não seguir as recomendações do seu grupo. O que geralmente se diz – que o jovem já vai procurar a turma que tem vícios parecidos com os seus – só é verdade para o pessoal um pouco mais velho, com mais de 18 anos de idade. Aí é o contrário: o maconheiro chega a uma cidade nova e logo arruma um jeito de se enturmar com os maconheiros do local. Aí, sim, é ele que escolhe a turma de acordo com suas características pessoais. Mas aos 14 anos as coisas não são bem assim. Um rapaz tímido – o mesmo vale para uma moça – que conseguiu fazer três ou quatro amigos na escola não vai querer correr o risco de perdê-los; e, se para mantê-los tiver de aprender a gostar de cerveja ou de cigarros, é certo que fará todo o esforço possível nesse sentido.

O erotismo e a vaidade são importantíssimos

Neste ponto devemos introduzir uma importante diferença entre a psicologia masculina e a feminina no que diz respeito às drogas. Isso se deve a uma constatação real, que é a de que existe um número maior de rapazes que se drogam – ou que têm grande fascínio pelo assunto – do que de moças. Nos últimos anos vem crescendo bastante o número de moças que se iniciam no vício do cigarro e no uso regular de bebidas alcoólicas, especialmente as produzidas mais recentemente, conhecidas como "ice", as quais buscam o público jovem. Essa conduta está associada ao processo de se tornar mais independente da família, de fazer uma coisa errada. Mas tem forte relação também com a questão sexual. As moças sentem que, ao fumar e beber, transmitem um ar de maior liberdade e experiência sexual. Uma experiência maior do que a que elas realmente têm. Aliás, só se preocupa em manifestar muito uma coisa a pessoa que não a tem. Quem é realmente livre não precisa usar roupa própria de quem é livre, fumar do jeito que só faz quem é livre, falar alto em lugares que exigem respeito etc. Na verdade, quem adota essas atitudes para mostrar que é livre não é mais livre, porque está o tempo todo preso a essa forma de agir.

A característica de se mostrar mais independente sexualmente e também mais experiente é uma coisa nova na psicologia feminina. Há poucas décadas, o que se esperava das moças era exatamente o contrário: elas deveriam se mostrar discretas, recatadas e inexperientes. A virgindade da mulher era uma "qualidade"; agora se tornou um "defeito". As moças passaram a gostar de transmitir uma imagem de pessoas mais leves e descontraídas em relação ao sexo. E o ato de fumar representa isso para elas. Elas se sentam num barzinho, junto com as amigas, acendem um cigarro, cruzam as pernas e já têm a sensação erótica de estar chamando a atenção dos rapazes. Isso provoca nelas grande excitação sexual, além de fazer um bem enorme para a vaidade, que é outro elemento sexual.

Para a maior parte delas a transgressão discreta, que é o ato de fumar cigarros ou de ingerir bebida alcoólica, já é o suficiente. Só algumas, influenciadas por grupos de rapazes mais ousados, ou mais predispostos para grandes transgressões, é que se voltarão para o consumo de maconha ou cocaína. Começam a fumar para passar a imagem de ousadia sexual. Depois se desenvolvem, tornam-se de fato mais vividas e experientes, e aí não precisam mais do cigarro – que se tornou um símbolo ultrapassado. Porém, não conseguem parar de fumar porque já estão viciadas.

Ao fumar cigarros ou maconha, beber coisas de paladar desagradável, cheirar cocaína ou injetá-la – assim como outros estimulantes – na veia, os rapazes têm sempre por objetivo sentir-se mais competentes como homens e obter mais sucesso com as mulheres. Deixe-me explicar bem isso, para não ser mal interpretado. Na adolescência, os rapazes realmente levam um susto: descobrem que não são superiores às mulheres como parecia que eram segundo a educação que receberam na infância. Ao menos do ponto de vista do sexo. Nessa idade nada interessa mais do que o sexo! Os rapazes desejam mais do que se sentem desejados, e isso os deixa humilhados, inseguros e inferiorizados. Estão dispostos a fazer qualquer coisa para modificar essa condição – que é biológica, não tem jeito de ser diferente. Querem ser cobiçados pelas moças tanto quanto eles as cobiçam.

E prestam atenção em tudo. Percebem, por exemplo, que as moças de sua idade – 14 ou 15 anos – não se interessam por eles mas, sim, pelos rapazes de 17 ou 18, que já estejam na faculdade e tenham carro. Elas se interessam mais pelos mais bonitos, é verdade. Mas se interessam muito também por aqueles que são simpáticos, galanteadores, carismáticos, bem-humorados, bons contadores de casos, e pelos atletas, que se destacam da média, que chamam a atenção por alguma propriedade a mais do que a maioria dos rapazes.

De todo modo, podemos concluir que qualquer rapaz que queira chamar a atenção das moças deverá fazer alguma coisa que desperte a admiração delas. E isso se transforma no objetivo maior da vida da maioria deles. Ainda são poucos os que dizem: "Elas que se danem! Vão ter de se interessar por mim do jeito que eu sou". O número de jovens com essa postura tende, porém, a crescer graças às gratificantes experiências que muitos têm tido com o "ficar". Esses rapazes, assim, têm se sentido mais facilmente aceitos por suas colegas de turma, de modo que podem crescer se sentindo menos rejeitados. Muitos, entretanto, podem até falar com esse ar de pouco-caso, mas por dentro estão mesmo é querendo fazer sucesso, provocar suspiros como aqueles que as moças dão pelos atores da televisão ou por seus cantores preferidos. E aí fazem qualquer negócio: se fumar cigarros e tomar bebidas alcoólicas passa a imagem de uma pessoa mais velha, adulta, superior, vivida e experiente, então eles, por mais que detestem, irão fumar e beber. Se disserem que a maconha aumenta a sensibilidade e dá às pessoas mais coragem para se aproximar das outras, um grande número de rapazes estará pronto para fumar a erva. Se disserem que a cocaína aumenta a capacidade de ereção, retarda a ejaculação e permite às pessoas fazer sexo a noite inteira sem parar, então todos os rapazes com algum complexo de inferioridade nesse aspecto estarão prontos para cheirar cocaína. O mesmo vale para os estimulantes como o ecstasy, os xaropes, as misturas de remédios para dormir com bebida alcoólica etc.

    O uso de qualquer droga, porém, do cigarro à heroína, só é importante – é claro que estamos nos referindo apenas à fase da iniciação, das primeiras experiências – se vier associado à sensação erótica de se sentir especial, superior, mais adulto ou mais corajoso por estar fazendo isso. É curioso como os rapazes gostam de "botar banca" de malandro, de irreverentes e irresponsáveis. Deve ser porque isso desperta o fascínio sexual das mulheres! Será mesmo? Acho que sim, e de muitas delas: as que gostam e se interessam justamente pelos rapazes que não lhes dão muita atenção; as que gostam de amar mais do que de ser amadas; as que gostam de sofrer por amor; as que gostam do desafio de regenerar um "bandido". Nesse caso, é evidente que as drogas preferidas serão as mais proibidas, cujo uso ou porte são considerados crime, e por isso têm de ser escondidas. Isso provoca um charme todo especial; muitas pessoas se sentem especiais e envaidecidas também por estarem agindo assim, de modo clandestino. É como se fossem uma classe especial, naturalmente superior, de ser humano.

Não é preciso muita reflexão para perceber que esse tipo de destaque, de "esforço" para chamar a atenção, é bem menos trabalhoso do que o esforço para se tornar um campeão de tênis ou para ser aprovado num vestibular concorrido.

Não podemos desprezar a propaganda

Boa parte da propaganda direta, como os comerciais, e indireta, como, por exemplo, atores e atrizes fumando ou bebendo como parte de seus papéis, veicula as drogas não proibidas de forma erótica.

O homem vencedor, esperto, esportivo, forte fuma determinada marca de cigarro, bebe esta ou aquela marca de cerveja ou de conhaque. A ideia é sempre a mesma: pessoas que usam determinados produtos fazem mais sucesso com o sexo oposto. A mesma coisa sempre acontece na propaganda dos produtos de beleza femininos: usar determinada marca de xampu, de calça, ou de perfume torna a mulher mais provocante, mais sensual e em condições de atrair o olhar de um número maior de homens.

A propaganda direta de produtos que viciam só existe para o cigarro e as bebidas alcoólicas. Os remédios, na maioria, não são anunciados diretamente pelos meios de comunicação regulares; são promovidos pelos laboratórios para os médicos. E quanto às drogas proibidas, em especial a maconha e a cocaína? A meu ver é bastante ingênuo pensar que não exista propaganda efetiva dessas drogas, a não ser aquela que é feita pelos traficantes nas portas de escolas, nas boates onde os jovens gostam de ir dançar e nos clubes que eles frequentam. Esse trabalho direto de sedução, chamado de "boca a boca", também existe. Por isso deve ser combatido com todo o rigor pela polícia. Diretores de escolas, associação de pais de alunos e todas as pessoas responsáveis da comunidade devem trabalhar no sentido de alertar contra esse tipo de propaganda.

Já a propaganda indireta, sutil, é feita sem que se perceba que ela está acontecendo. Tal como ocorria no passado, em relação ao cigarro e às bebidas alcoólicas, nos filmes americanos dos anos 1940-

1950. Vários filmes recentes, ou seja, que apareceram nos últimos vinte anos, mostram os mocinhos, os personagens com os quais os espectadores mais se identificam, fumando maconha. São geralmente figuras simpáticas, bonitas, de homens – às vezes de mulheres – meio irresponsáveis. São motoqueiros que andam pela vida "sem lenço e sem documento". São figuras irreverentes, sensuais, e que muitas vezes nos passam a ideia de liberdade. E quantos não terão sido os rapazes que compraram essa ideia de que a maconha é a porta de entrada da irreverência, da sensualidade e da liberdade!

A meu ver, estabeleceu-se, sem se perceber, uma relação entre irresponsabilidade e liberdade. A maconha estimula mesmo a irresponsabilidade das pessoas. Mas liberdade é coisa mais séria e complicada, que droga nenhuma irá resolver. Muito menos as drogas que provocam grande dependência psicológica; isso é o oposto da independência e da liberdade.

Na prática da vida atual, o que eu considero mesmo da maior gravidade é a atitude francamente a favor das drogas pesadas, como o crack e a heroína, por parte de alguns dos maiores ídolos da juventude no mundo inteiro. Quando artistas de grupos de rock de sucesso entre os jovens são pegos pela polícia por portar cocaína, por exemplo, o resultado é o jovem relacionar o sucesso e o talento do grupo musical ao uso da droga. Quando nas letras das músicas ou nas entrevistas fazem elogio às drogas, esses artistas, estrelas mundiais, estão funcionando como verdadeiros garotos-propaganda do cartel de Medellín, o poderoso grupo colombiano que controla boa parte do tráfico de drogas do planeta. Os cantores e compositores famosos deveriam refletir mais profundamente sobre a repercussão de suas atitudes e de suas declarações na mente dos jovens em formação, que estão vivendo um dos períodos mais difíceis e mais delicados de sua vida.

A continuação no uso de drogas é pura dependência

Nunca deveríamos subestimar a tendência que existe em nós de nos apegarmos com facilidade a objetos e também a rituais. Isso não acontece só com relação às drogas. Acontece com relação a nossos discos, nossa carteira e outros objetos de uso pessoal, nossa bicicleta, prancha de surfe ou automóvel. Esses objetos se transformam em coisas particularmente queridas. Passamos a ter ciúme deles, não gostamos que ninguém os toque, nem para limpá-los. Do mesmo modo nos apegamos à missa que frequentamos aos domingos, sempre na mesma igreja, com aquele mesmo padre, que faz sempre aquele discurso mais ou menos conhecido. Gostamos mesmo é de frequentar o mesmo bar, ir ao mesmo jornaleiro, ouvir a mesma estação de rádio etc. Apesar das reclamações, gostamos das nossas rotinas – elas nos dão segurança, nos transmitem uma sensação de paz, de que as coisas estão em ordem.

No caso das drogas, nossa tendência para o estabelecimento de vínculos amorosos é muito maior. Em primeiro lugar porque elas sempre estão associadas a um ritual. Há regras para se fumar maconha. Por exemplo: o grupo se reúne e se estabelece um clima de excitação, pois algo coletivo – e proibido – vai ser executado. Prepara-se o cigarro de maconha, ritual acompanhado com grande expectativa pelo grupo todo. Nessa hora se discutem assuntos relativos à procedência e à qualidade da droga, além de se falar mal de todos os que censuram o seu uso – pais, colegas "caretas" etc. Finalmente o cigarro é aceso. Ele passa de mão em mão, como o cachimbo da paz entre índios americanos que víamos no cinema. O ritual é forte, e a sensação é muito aconchegante. Só isso já leva as pessoas a querer repetir a experiência sempre que possível.

Além da sensação agradável de se sentir integrado, de ser parte de um grupo que tem coisas em comum, a droga com seu ritual coletivo também traz a sensação erótica de destaque, de que se é uma pessoa especial por ser um usuário dela. Em alguns casos, ela pode até simbolizar status social – isso em virtude do seu preço. A cocaína é cara e é consumida, em geral, por gente que tem mais dinheiro; logo, todo mundo sabe que o viciado em cocaína é uma pessoa de classe social mais alta. O mesmo acontece com as drogas consumidas nas baladas – especialmente o ecstasy –, que hoje são chamadas impropriamente de "drogas recreacionais", expressão que subestima os perigos que seu uso envolve.

Do ponto de vista individual, a cocaína também determina emoções fortes, considerando-se a linha dos substitutos da chupeta. A criança não precisa de espectadores para sentir grande apego à chupeta, do mesmo modo que não precisamos de plateia para mordermos as nossas gomas de mascar. Não precisamos de espectadores para acender um cigarro – isso depois de certo tempo, pois no início o mais importante é o lado erótico, que depende do fato de a pessoa estar se exibindo para alguma plateia. Com o passar do tempo, porém, o erótico vai se tornando mais romântico, ou seja, a pessoa se apega ao maço de cigarros, a uma marca específica, que tem determinada cor etc. Apega-se ao isqueiro, que se transforma em objeto de estimação. Cada cigarro que vai à boca parece dar sentido à sua vida.

Parece que tudo fica completo; que tudo está no devido lugar – exatamente a mesma sensação que o bebê tem quando volta para o colo da mãe na hora de mamar. Poucos minutos depois a sensação de plenitude vai embora, e a vontade de fumar está de volta. Ela se resolve quando a pessoa acende um outro cigarro; e o ciclo se refaz de modo idêntico. Se prestarmos atenção, parece que o fumante está vivendo para fumar! Está fumando ou esperando a hora de fumar, exatamente como faz o bebê em relação à sua mãe: vive para estar com ela, ou seja, não vive, nega a vida; só quer voltar para o útero materno, fugindo da vida e do crescimento.

A pessoa que ingere bebida alcoólica vive do mesmo modo. Apega-se a um tipo de bebida, a determinado bar, a certas companhias. Gosta de tomar sua bebida num dado tipo de copo, com uma quantidade certa de gelo. Isso sempre acompanhado de determinada comida para "tirar o gosto" do álcool e dar mais vontade ainda de beber. O álcool é, especialmente na tradição da nossa música popular, o grande companheiro do homem traído, do homem abandonado, do desamparado. Alguns dos sambas-canção que fazem parte da nossa história musical retratam essa situação de modo inquestionável.

Com a maconha e a cocaína acontece o mesmo. E não é diferente com as drogas injetáveis (que, diga-se de passagem, parecem estar perdendo o charme e despertando menos interesse): as pessoas se apegam às seringas! Gostam da dor que sentem quando estão procurando suas veias com elas. E guardam tudo a sete chaves, em parte para não serem descobertas, em parte pelo amor que sentem por tudo o que vem junto com as drogas e também por amor a elas. São as drogas as suas companheiras das horas difíceis, que não lhes faltam na hora de maior necessidade. Penetram nas suas partes mais profundas, nas questões psicológicas mais importantes e dão a impressão de que estão ajudando e muito. Não é verdade! Mas as pessoas só irão descobrir isso depois de muito tempo, quando já for difícil se livrar delas.

É evidente que o efeito psicológico das drogas é bom

Até agora não falei de um outro fator que leva à repetição do uso da droga, além dos muitos que já citei: são muito agradáveis as sensações psicológicas provocadas pelo uso das diversas drogas; é forte a sensação de bem-estar que causam a quem as ingere, inala ou injeta.

Não usarei, em hipótese alguma, qualquer tipo de mentira para tentar afastar os jovens das drogas. Afinal, mentira tem mesmo pernas curtas. E, se eu perder a sua confiança, jamais poderei ser visto como um amigo. Quem mente não é confiável. É claro que as drogas provocam efeitos imediatos agradáveis. Alguém, por acaso, já ouviu falar de pessoas viciadas em comer grama? Coisa ruim não vicia, a não ser que faça parte de algum ritual que visa a atingir o bem-estar. Cada um descreve de um jeito a sua experiência com as drogas: "É um barato!", "É uma viagem!", "Entrei em êxtase", "Fiquei eufórico e leve" etc. Sempre sensações agradáveis.

Cada droga provoca um tipo de sensação diferente. Além do mais, os efeitos não são idênticos para todos os que usam uma determinada substância, ou seja, existe mais de um tipo de reação à mesma droga. O cigarro, por exemplo, para uns é calmante, para outros é excitante, e pode ser também as duas coisas para a mesma pessoa, dependendo da hora e da situação. Mas uma coisa é verdade: para cada tipo de pessoa existe um tipo de droga cujos efeitos combinam mais com o que ela espera naquele período da vida. Se ela quiser se sentir eufórica e excitada, preferirá a cocaína; se quiser "ficar na sua", voltada mais para a contemplação, preferirá a maconha; se quiser fazer o gênero "pessoa bem-sucedida", preferirá o charuto e a bebida alcoólica importada, e assim por diante.

Evidentemente sempre serão sensações agradáveis e de acordo com o que a pessoa espera naquele momento. Se, por exemplo, eu experimentar a maconha e ela me provocar um estado de espírito desagradável, eu não vou querer mais saber dela. Se, porém, a sensação for ótima, eu vou querer mais, imediatamente. Ou seja, tendem a se apegar a determinada droga justamente aquelas pessoas que experimentam sensações muito agradáveis com ela. Se uma pessoa tiver o estômago delicado, muito sensível a bebidas alcoólicas, dificilmente ela se tornará alcoólatra, ainda que goste muito do efeito positivo do álcool. Será preciso também que o organismo tolere bem os efeitos desagradáveis da droga.

Os efeitos agradáveis provocam um apego cada vez maior à droga e uma vontade de repetir a experiência com ela. Os efeitos desagradáveis provocam uma tendência oposta, de aversão, uma vontade de se afastar dela. Exatamente como no amor: as qualidades do amado nos atraem e nos puxam para ele como um redemoinho, enquanto os seus defeitos nos repelem, nos afastam dele. Se o amado – ou a droga – só tiver qualidades aos nossos olhos – e aparentemente nenhum mal fizer ao nosso organismo –, aí estamos totalmente sem defesa! Tenderemos a nos lançar de corpo e alma na aventura romântica – com um parceiro ou uma droga.

A pior coisa que pode acontecer, do ponto de vista das drogas, é o nosso organismo e o nosso psiquismo se darem muito bem com elas. Provavelmente não teremos como resistir à tentação depois de algumas experiências muito agradáveis. No amor, o encontro de um parceiro perfeito é o início de uma aventura humana fascinante – apesar de complicada e cheia de obstáculos. No caso das drogas, a coisa não é bem assim. Se as drogas substituem o amor, como a chupeta à mãe, eu prefiro o original e não o que o substitui, ou seja, eu prefiro o amor. E não apenas por caretice, mas porque, a médio ou longo prazo, sempre aparecem graves problemas relacionados ao uso de drogas.

Uma outra coisa precisa estar muito clara na cabeça de todos nós: temos tendência para nos viciar em alguma coisa; em particular, em alguma droga. É muita ingenuidade e muito otimismo achar que coisas assim só acontecem com os outros e que conosco tudo sempre estará sob controle. As coisas não são desta forma, e nós não somos melhores do que ninguém, ao menos nesse particular.

Tenho insistido na relação das drogas com nossos conflitos íntimos mais profundos e com a questão do amor. Ora, carências amorosas e dificuldade de lidar com o abandono, a solidão e a rejeição todos nós temos. Também vaidade e desejo de chamar a atenção – principalmente do sexo oposto – todos nós temos. Portanto, todos nós temos características psicológicas que nos predispõem ao vício. Se tivermos um organismo forte e resistente aos efeitos negativos das drogas, estaremos ainda mais predispostos. Se gostarmos muito do efeito de uma delas, que em determinada hora da vida nos aparece como a salvação mágica para os nossos problemas, aí então é que as coisas começarão a ficar perigosíssimas!

*O vício se estabelece
principalmente por causa do
efeito psicológico da droga*

A fronteira entre o hábito e o vício é uma linha realmente fácil de ultrapassar. Sabemos também que a diferença entre os dois está no grau de sofrimento que sentimos quando nos afastamos daquele objeto ou evitamos aquela situação. Se o sofrimento for brutal, do tipo dor de amor, então trata-se de vício. Por medo de passar pelo túnel escuro desse sofrimento, as pessoas continuam a usar a droga na qual estão viciadas mesmo quando já sabem que ela faz mal à saúde e que, ao longo dos anos, poderá causar a morte. Tenho a impressão de que são justamente os fortes efeitos psíquicos das drogas – ou de determinadas situações – o que mais provoca a passagem do hábito para o vício.

O efeito psicológico forte e agradável é o fator mais importante. Mas existem outros: a dependência física em relação a determinada droga, a importante associação do ritual envolvido no uso da droga com a sensação de aconchego e também a vaidade. Não podemos desprezar esta última, pois talvez seja o fator mais importante nos vícios que não dependem da entrada de drogas no organismo. No caso dos jogos de azar, por exemplo, parece que o indivíduo está o tempo todo testando para saber se é "o filho favorito dos deuses" ou não. A emoção é fortíssima, pois sua reputação está em jogo: se ganhar, é o máximo; se perder, é um verme. Para as pessoas viciadas no trabalho, é a vaidade do prestígio social, do poder, de se sentirem muito procuradas, indispensáveis, que faz do escritório o lugar mais interessante do mundo. O melhor exemplo disso é o do médico com relação ao hospital; não espanta que um médico prefira o hospital à boate! E assim por diante.

Ficamos habituados ao uso de substâncias que nos provocam sensações agradáveis e tranquilas. Substâncias e situações que funcionam em nossa vida como os amigos: uma presença deliciosa, boa companhia e papos francos e agradabilíssimos; mas sem riscos, sem ameaças de grandes sofrimentos nem de emoções extraordinárias. No caso dos vícios, a emoção é mais forte; sua intensidade pode nos levar a perder o controle, a nos perdermos de nós mesmos. Além do mais, envolve riscos grandes de perda da saúde, do prestígio (como seria o caso, por exemplo, de um político que fosse pego cheirando cocaína), da família etc. Há este aspecto do vício parecido com o que acontece na paixão: a sensação é ótima, porém existe um risco de descontrole e também de uma perda brutal que sempre está rondando a relação. Na amizade se tem paz. Na paixão não se tem nem um minuto de sossego. É uma coisa ruim, mas não podemos negar a profunda atração que ela exerce sobre nós. Isso vale para o amor bem como para o uso de drogas e para o jogo.

Nas pessoas em que determinada droga provoca um efeito discreto, agradável mas não extraordinário, a tendência será para a constituição de um hábito. Por exemplo, a maioria das pessoas experimenta, com o álcool, uma leve euforia, uma forte sensação de moleza e sonolência. Esse não é um efeito extraordinário, de tal sorte que, se houver clima para tomar, junto com outras pessoas, um copo de vinho, essas pessoas sentirão prazer pelo ritual e também pelo efeito. Quando o efeito é fortíssimo, porém, as coisas se complicam. Há pessoas que ficam excitadas com o álcool; perdem o sono e se tornam superdispostas para tudo, até mesmo para a atividade sexual. Essas é que correm o grande risco de se viciar. É um efeito psíquico extraordinário o que mais leva ao vício.

> *É fácil entrar no "círculo vicioso" do vício e difícil sair*

Um jovem começa a fumar cigarros, tomar cerveja, fumar maconha ou cheirar cocaína por causa da influência do seu grupo de amigos, de quem quer ter respeito e opinião favorável. O fato de ser algo que contraria a família é bem-vindo nessa época de luta pela independência e pela autonomia em relação a ela. O processo se reforça muito em razão da vaidade, de o indivíduo se sentir especial, superior e capaz de impressionar o sexo oposto em virtude de sua relação com aquela droga determinada. Tudo isso, além do efeito psíquico agradável, leva o indivíduo aos primeiros contatos com uma droga e a ter certa tendência para repetir a experiência, desde que os efeitos desagradáveis não sejam muito fortes.

Depois ele se habitua aos rituais envolvidos no uso da droga, e isso o torna mais apegado a ela. Com o passar do tempo, a droga se transforma em uma coisa muito preciosa, uma companheira fiel e presente em todas as horas de maior dificuldade; torna-se o remédio para os vários males inevitáveis da vida psicológica de cada um. Ela faz o indivíduo se sentir mais independente, especial; só que, aos poucos, ele fica também terrivelmente dependente dela! A semelhança disso com o amor é enorme. Um exemplo: eu, na mocidade, me apaixono por uma moça; por causa disso sinto crescer em mim uma força interior capaz de me fazer desligar das fortes amarras que tenho em relação à minha família. O fato de ter encontrado o amor naquela moça me faz mais independente da minha família – e também dos meus amigos. Porém fico brutalmente dependente da moça.

Agora vejamos como a coisa pode se complicar ainda mais. Conheço vendedores que só conseguem se sentir seguros e à vontade para falar com determinação e firmeza aos seus clientes se antes tiverem tomado duas doses de conhaque. Há também pessoas que só vão pedir emprego se antes fumarem um "baseado". Conheço pessoas que só se sentem sexualmente seguras se tomarem "um pico" (injeção na veia) com um estimulante do tipo das anfetaminas ou uma pílula de ecstasy. Outras só conseguem enfrentar uma reunião de negócios se estiverem o tempo todo com um cigarro na mão. Outras, ainda, só serão capazes de dançar e de se divertir numa festa se cheirarem bastante cocaína. É evidente que essas pessoas vão se tornando cada vez mais dependentes das drogas para quase todas as atividades que são, para elas, fundamentais.

Tudo isso sem falarmos da dependência física, que, em graus variados, costuma aparecer com o passar dos anos. Ou seja, a droga vai se tornando uma parte integrante, essencial da vida da pessoa. Volto a insistir: se o objetivo era o da independência, é impossível imaginarmos uma dependência maior. O indivíduo não se torna cada vez mais seguro quando consegue abordar com sucesso uma moça graças à ajuda do álcool. Ao contrário, torna-se cada vez mais inseguro; acha-se cada vez mais incapaz; chega a pensar: "Não sei o que seria de mim sem a ajuda do álcool". Ou seja, todas as conquistas feitas com o auxílio das drogas são contadas como "ponto" para a droga e não para a pessoa. Então, a dependência tende a crescer e não a desaparecer. Sim, porque se a droga ajudasse a pessoa a crescer de verdade, essa pessoa poderia, com facilidade, libertar-se dela um dia. Mas o que acontece é exatamente o contrário.

De certo momento em diante o indivíduo já não usa aquela droga por vaidade, para se integrar a um grupo, para se sentir feliz e relaxado. Usa a droga porque não suporta mais passar muito tempo longe dela. O mesmo acontece com um indivíduo que pode ter começado a beber na mocidade, nas festas do clube, porque isso lhe dava mais coragem para abordar as moças. Vinte anos depois, já casado e com filhos, ele ainda estará bebendo, apenas porque bebeu ontem e anteontem. As causas que o levaram a beber podem ter deixado de ser importantes, mas a dependência que se estabeleceu não lhe permite mais ficar muito tempo longe do álcool. Esse é o círculo vicioso, que, depois de estabelecido, é mais importante do que qualquer dos fatores que podem ter influído no seu aparecimento. O círculo vicioso da dependência e do vício se estabelece com o tempo, sem que a pessoa se aperceba. Porém, quando cogita sair dele, ela pensa, com razão, que será necessário passar por um dos maiores sofrimentos a que um ser humano pode ser submetido.

O grande problema é que o uso prolongado de qualquer tipo de droga acaba gerando graves malefícios físicos e psíquicos. Não é uma coisa sem consequência, que pode continuar a ser tratada como uma opção individual leve e sem importância. Não é essa a verdade. Mesmo o vício mais banal, como o do cigarro, tira cerca de quinze anos de vida da pessoa que fuma com regularidade. Um jogador pode perder sua fortuna, sua carreira e sua família no jogo. Quantas histórias desse tipo já não ouvimos?

Não podemos nos iludir com a propaganda barata: tudo nesta vida é faca de dois gumes! Se existem os efeitos agradáveis das drogas, existe também o lado negativo, que é o dos malefícios a longo prazo. O problema é que os efeitos agradáveis aparecem logo e os malefícios demoram alguns anos. Então, especialmente para o jovem, que é imediatista, parece que está tudo bem! Mas as coisas, na verdade, não são bem assim, claro.

Efeitos físicos e psicológicos das drogas

Todo indivíduo que busca as drogas tem preferência por um dos dois tipos principais de efeitos: efeitos estimulantes e euforizantes ou efeitos relaxantes, que deixam "legal" sem que se precise fazer nada. Cada droga tem suas peculiaridades; mas já vimos que seus efeitos variam de pessoa para pessoa, e podem também variar em uma mesma pessoa, de acordo com a época da vida e com o seu estado de espírito. Tudo isso é uma introdução para o que quero dizer: é muito difícil generalizar em assuntos que dizem respeito aos seres humanos. As regras gerais estão sujeitas a um grande número de exceções. O que vocês vão encontrar pela vida poderá não ser exatamente igual ao que irão ler aqui, porque estarei considerando apenas as situações genéricas, bem como os efeitos mais comuns de cada droga.

As drogas também estão sujeitas aos fenômenos de modismo. Nos anos 1960 e 1970 o grande "barato" era a maconha. Nos anos 1980 foi a vez de a cocaína estar na moda. Desde 1990 tem havido o uso de todo tipo de drogas, com o aumento do consumo do crack, um derivado mais barato da cocaína e que determina resposta agressiva mais intensa, assim como do ecstasy, que é derivado da anfetamina.

As modas refletem a tendência da época. Nos anos 1960, a tendência correspondeu ao "paz e amor", aos movimentos contra o consumismo e a favor da simplicidade, ao ficar parado sem fazer grande coisa – e parece que para esse fim a maconha é imbatível. Já nos anos 1980, a moda era a do jovem executivo rico e bem-sucedido. Ele trabalhava muito, mas de noite queria se divertir. Então, para recuperar as forças, usava a cocaína como excitante, como estimulante. Atualmente temos vivido uma época sem tendência definida, em que a maior parte das pessoas está perdida e desesperançada.

Esse é mais um aspecto interessante da questão. As drogas estão sempre associadas a algum exagero; não têm nada que ver com o razoável, com o bom senso. Quem trabalha muito não pode deixar de descansar direito durante a noite. "Não é possível trabalhar como pobre e viver como rico", como dizia o pai de uma amiga minha. Na fase hippie, década de 1970, era o inverso: cruzar os braços e não participar mais da sociedade de consumo. Como ninguém aguenta ficar sem fazer nada por muito tempo, era preciso recorrer à droga para suportar melhor o tédio daquela vida sem atividade. O indicador mais dramático do que está acontecendo nesse início do século XXI corresponde ao uso crescente de álcool e tabaco por parte de meninos e meninas já desde o início da puberdade, fase que parece estar sendo muito afetada pela desesperança e falta de perspectiva clara no que diz respeito ao futuro.

Nem todas as drogas viciam com a mesma facilidade

Algumas drogas têm o poder de viciar mais rapidamente do que outras. É o caso, por exemplo, da heroína, um derivado da morfina, substância analgésica usada em medicina no tratamento de casos muito graves. Quando se dá morfina a um paciente por duas ou três vezes, ele passa a pedir outra dose. Seu efeito é ótimo: a pessoa flutua; tudo fica bom, leve... Não há mais problemas; desaparecem as dores físicas, mentais e existenciais. Não é à toa que se vicia assim fácil! E com a heroína é a mesma coisa: quase todas as pessoas ficam viciadas. A dependência física se estabelece com grande facilidade, e a crise de abstinência é terrível. Felizmente são poucas as pessoas que usam a heroína, e raramente são os adolescentes.

Outras drogas viciam mais lentamente, porém atingem um número também muito grande dos que chegam perto delas. É o caso do cigarro de tabaco. Oito em cada dez pessoas que começam a fumar por brincadeira acabam viciadas. O efeito real é de discreta excitação, mas muitas pessoas falam do cigarro como tranquilizante. Esse é o efeito psicológico. O cigarro, de fato, é o que há de mais parecido com a chupeta (além da goma de mascar), de modo que a dependência psíquica que ele provoca é a maior de todas. Embora a dependência física não seja tão intensa, largar o cigarro é dificílimo, apesar do conhecimento de todos os malefícios que ele traz para os pulmões, o coração e as artérias, além do aumento em dezenas de vezes da incidência de tumores que ele provoca.

Várias drogas são usadas, na busca de efeitos psicológicos tranquilizantes ou euforizantes e excitantes, por certos grupos de pessoas que não chegam a ser viciadas no sentido que descrevemos – de entrar em desespero com a supressão da droga. São drogas que viciam poucas pessoas, apesar de algumas terem efeitos muito intensos. Elas provavelmente não preenchem todos os requisitos necessários para provocar a dependência psicológica, que é a mais séria. Mas a dependência física também conta muito, especialmente nos primeiros dias longe da droga, quando aparecem todos os sinais da falta daquela substância no organismo. A falta física vem acompanhada de uma sensação psíquica de desespero que nem sempre é controlável – e não raramente pode levar a pessoa ao suicídio ou ao homicídio. Como o organismo quer a droga a qualquer custo, a interrupção do vício torna-se dificílima. Se isso é terrível para os fumantes de cigarro, que estão de posse de toda a sua lucidez, imaginem para alguém que esteja, há meses ou anos, fora de si, "viajando", "em outra"!

Outras drogas nem sempre tão conhecidas

Poderia citar aqui uma grande variedade de substâncias químicas capazes de provocar efeitos psicológicos euforizantes ou relaxantes, as quais as pessoas costumam usar com maior ou menor frequência. Uma droga antiga é a mescalina. Trata-se de um alucinógeno. Sob seu efeito, as pessoas "se divertem" vendo bichos andar pela parede ou imagens deformadas de si mesmas no espelho, e têm ainda percepções e lembranças do passado que julgavam esquecidas. Por esses últimos efeitos, alguns psicólogos acreditaram que a droga poderia ser de grande utilidade em psicoterapia. A mescalina é extraída de plantas do tipo cacto. Sua versão moderna é o LSD, fabricado em laboratórios. Muitas pessoas tiveram surtos psicóticos – doença mental grave – desencadeados pelo uso do LSD, o que provocou medo na maioria dos que gostam de "experimentar de tudo". Com razão, pois esse efeito é muito grave e por si só faz do LSD um verdadeiro veneno.

Existe também a cola de sapateiro, muito usada por meninos de rua. Cheirá-la provoca sensações agradáveis, um "barato" relaxante e euforizante, algo parecido com o que se sente ao ingerir uma pequena quantidade de álcool ou ao cheirar um pouco de lança-perfume. Antigamente se usava muito o lança-perfume – cuja substância ativa é o éter – nos carnavais. As crianças o usavam para "acertar" os colegas com aquele jato gelado. Os adultos "molhavam" um lenço com um pouco de lança-perfume e o cheiravam. Assim, ficavam tontos, alegres e rodopiando com muita facilidade. Nenhum efeito extraordinário. Nada muito diferente dos efeitos do álcool.

Existem drogas produzidas regularmente pela indústria farmacêutica nas quais algumas pessoas descobrem propriedades diferentes das indicadas até então e passam a usá-las de outra forma. É o caso, por exemplo, de alguns xaropes à base de codeína – outro derivado da morfina –, que são excelentes calmantes da tosse e que, se ingeridos em grande quantidade, provocam um "barato" que lembra o da heroína: leveza, bom humor, sensação de flutuação, ausência de preocupações etc. Quando se tem notícia do uso indevido desses remédios, em geral eles passam a ser vendidos somente com prescrição médica.

O mesmo aconteceu com um excelente remédio para dormir – o mandrix. Pessoas que estavam atrás de "viagens" diferentes descobriram que, ingerido junto com um pouco de álcool e passada a fase inicial, em que provoca o sono, o mandrix levava a um estado parecido com o obtido com o uso da heroína, até com um pouco mais de excitação e disposição. Assim, usavam o remédio para passar a noite inteira acordadas.

Os excitantes já foram remédios de venda livre. Quando eu era estudante – entre o fim dos anos 1950 e o início dos 1960 –, era possível comprar comprimidos de dexedrina e seus derivados sem receita médica. Tomávamos esses comprimidos para passar noites acordados, estudando para as provas! Acreditávamos que nossa causa era nobre. Mas a verdade é que alguns médicos acabaram viciados em dexedrina – ou em outras anfetaminas – porque a usavam para se sentir dispostos nos plantões de 24 horas contínuas de trabalho. Depois que passa o efeito da droga, a depressão é muito grande, o que leva a pessoa a querer usá-la de novo no dia seguinte. O vício provoca o desgaste do sistema nervoso e do psiquismo da pessoa, de modo que as depressões fortes são inevitáveis. Nesse estado, o suicídio pode ser bem mais frequente do que em condições normais. O uso de estimulantes sobrecarrega demais todo o organismo, de maneira que alguns médicos – e outros viciados – acabam tendo morte precoce principalmente por causa de doenças do coração.

A dexedrina diluída foi a primeira droga a ser usada com frequência, por muitos viciados, sob a forma de injeção na veia. Ela era preparada em casa, usando-se água destilada para veicular os comprimidos amassados para dentro do organismo. O efeito? É difícil descrevê-lo para quem, como eu, nunca experimentou. O relato dos drogados é superficial, com um vocabulário muito restrito. Dizem que a sensação é ótima quando o efeito "bate"; é como um soco, pois por via venosa o efeito é rápido e intensíssimo. A pessoa fica excitadíssima, angustiadíssima e, parece, com grande disposição sexual – sente-se um super-homem! Os efeitos secundários são parecidos com os causados pela ingestão dos comprimidos de dexedrina. O mesmo acontece com o uso do ecstasy, outra anfetamina que se tornou famosa e muito usada por jovens que costumam se divertir em festas que duram todo um fim de semana. A droga, além de estimular a socialização e o erotismo, ajuda-os a permanecer acordados todo esse tempo.

Quase todos os adeptos da dexedrina injetável bandearam-se para a cocaína, que também pode ser usada sob a forma de injeção. Alguns morreram de overdose; outros de aids. Boa parte dessas pessoas ainda está por aí, e daqui a algum tempo saberemos de que elas terão morrido. A boa notícia, como já apontei, é que decresce o número de usuários de drogas injetáveis.

Efeitos parecidos, embora mais fracos, provocam os remédios para emagrecer – os que existem prontos nas farmácias e a maioria das fórmulas que os médicos prescrevem. Esses remédios, em geral, viciam e, a meu ver, não deveriam ser usados por longo tempo, a não ser sob cuidadosa vigilância médica e somente nos casos em que são realmente indicados. O maior problema, na prática, é que certas pessoas começam a aumentar as doses indiscriminadamente e aí se tornam excitadas, perdem o bom senso e têm reações parecidas com as dos viciados em drogas excitantes.

Algumas pessoas andam muito preocupadas com os tranquilizantes e alguns remédios para dormir que tanta gente toma por longo tempo. Não creio que essa preocupação tenha muito sentido. Essas substâncias são usadas já há mais de quarenta anos, e nunca se provou nada de grave e sério contra elas. Não provocam lesões no organismo e, do ponto de vista psicológico, pode ser que perturbem um pouco a memória. Acredito que aí exista um entendimento equivocado da questão do vício e da dependência. Sempre que a pessoa está mais calma – em férias, por exemplo –, ela "esquece" de tomar o remédio. Ou seja, não há dependência do remédio e sim vontade de se sentir melhor. Tomar tranquilizante, para quem está angustiado, é como tomar aspirina para quem está com dor de cabeça: só toma se a dor estiver presente. Aliás, pelo que se sabe até hoje, angústia e tensão fazem muito mais mal ao organismo do que os tranquilizantes que as combatem. Desse modo, não se pode colocar todo tipo de remédio "no mesmo saco". Contudo, qualquer tipo de tranquilizante só deve ser usado sob orientação médica, evidentemente.

O álcool

Em pequenas doses o álcool é discretamente euforizante para a maioria das pessoas; se as doses aumentam, a moleza e a tontura se intensificam, e começa a vir uma grande sonolência. Algumas pessoas – talvez 20% delas – têm uma reação diferente: a partir da terceira dose de uma bebida forte ficam eufóricas, muito excitadas e com disposição redobrada – esse efeito é parecido com o das anfetaminas. Aí a pessoa não é mais capaz de parar de beber; irá beber horas a fio, até não aguentar mais, até cair, já perto do coma alcoólico – estado de inconsciência que deriva da overdose de álcool.

É esse grupo, que se excita muito e se sente muito corajoso, ousado e feliz com o álcool, o que mais chance tem de se viciar. Em geral, 8% da população dos países é alcoólatra. Em uns mais e em outros menos. Onde se bebe nas refeições, como na França e na Itália, e bebida menos forte – o vinho –, o número de alcoólatras é menor. Onde se bebe fora das refeições, e bebida mais forte, o número de alcoólatras é maior. Pessoas muito tímidas e pouco agressivas tendem a gostar muito do álcool porque com ele se sentem mais extrovertidas e mais corajosas para enfrentar situações de violência. Há certas pessoas que ficam particularmente agressivas com o álcool, mas isso costuma ter relação com outros distúrbios neurológicos que não vêm ao caso discutir aqui.

O álcool provoca dependência psicológica após algum tempo de uso – de dois a cinco anos. Provoca dependência física após dez ou quinze anos de uso regular. Isso como média. Uma vez criada a dependência física, o indivíduo passa a "curar" a ressaca da bebida de ontem com uma dose de álcool! Sim, porque a ressaca, nesse caso, não é mais o mal-estar por ter bebido – dor de cabeça, azia, enjoo, ânsia de vômito etc. A ressaca agora é a falta de álcool no organismo, com sintomas como tremor nas mãos e uma angústia desesperadora. A supressão brusca do álcool, sem cuidados médicos, provoca o *delirium tremens*, crise de loucura com alucinações visuais e ideias persecutórias.

O uso prolongado e regular de álcool pode causar graves distúrbios no fígado. Não são raros os alcoólatras que morrem devido à cirrose hepática. O álcool pode provocar destruições nas paredes do estômago, como úlceras, hemorragias graves etc., e também problemas na absorção de vitamina B-12, com alterações da pele, que depois se complicam com terríveis e dolorosas infecções. Causa ainda inchaço permanente no corpo, visível no rosto – bastante característico do alcoólatra grave –, e representa uma sobrecarga que envelhece precocemente todo o organismo. No psiquismo, pode provocar depressões e quadros psicóticos – loucura –, especialmente do tipo delírios de ciúme. A degeneração da personalidade e do caráter é crescente. O indivíduo se torna mentiroso e não cumpridor dos seus deveres. A família não o suporta mais, e ele acaba abandonado por todos. Menos pelos colegas de copo, que ficam nos bares, reclamando da vida e das dores de amor causadas, em grande parte, pela própria bebida. É difícil imaginar um fim mais melancólico e triste para uma pessoa do que esse!

A maconha

Este é um ponto que devemos tratar com maior cuidado, pois a maconha, assim como o álcool e o cigarro, é a droga mais usada pelos adolescentes na primeira fase da vida adulta. É a droga de uso mais comum entre jovens de 15 a 17 anos, ao menos nas classes sociais mais altas. Eu cresci numa época em que a maconha era droga de delinquente, e ser chamado de "maconheiro" era grande ofensa. Maconheiros eram os "caras" que ficavam nas esquinas escuras dos bairros, com ares de gente ruim e prontos para assaltar – isso quando o assalto de rua ainda não era comum. Depois, nos anos 1960, já estudante de medicina, ouvi falar da maconha – e a experimentei – como droga de "gente fina". Seu efeito é, para a maioria das pessoas, relaxante. A pessoa ri à toa, o cérebro não fica muito esperto – às vezes ocorre o contrário: surgem ideias variadas, rápidas e muito inteligentes –, e ela se sente totalmente liberta das responsabilidades. Talvez por isso a maconha tenha sido tão bem-sucedida nos anos 1960, quando a juventude superconservadora tentava se adaptar aos novos padrões, à liberdade sexual.

A memória é muito prejudicada. A pessoa não lembra o que pensou no instante anterior. Mesmo se tem ideias geniais, elas "evaporam" com enorme rapidez. Isso acontece durante o efeito da droga, mas ela também prejudica a atenção, a concentração e, portanto, a fixação dos fatos fora dos períodos em que se está sob o seu efeito. Algumas pessoas sentem o pensamento se acelerar e têm a sensação de perda do controle interior, de que vão ficar loucas. Isso uma vez ou outra realmente acontece. Já conheci pessoas que tiveram um surto de loucura desencadeado pela maconha. Mas o que ocorre na maioria dos casos não é isso. O que acontece é que a pessoa que tem uma sensação de descontrole "pega bronca" pela maconha e se afasta dela. Esse é o seu efeito desagradável mais forte e importante. Os outros são a secura na boca, às vezes um certo enjoo, fome ou perda de apetite, palpitações e alguma falta de ar.

Os defensores da maconha a consideram inofensiva. Dizem que ela é menos prejudicial do que o álcool, o que, diga-se de passagem, não é nenhum elogio à maconha. Dizem que ela não provoca dependência física, mas precisaremos de mais tempo de uso regular por parte de muita gente para saber se isso é verdade. Os malefícios da maconha, a longo prazo, só serão conhecidos depois que as pessoas a tiverem usado por muito tempo, o que ainda não aconteceu. Quase sempre ela é usada por jovens que a abandonam lá pelos 20 ou 25 anos de idade. Que ela é porta de entrada para o uso de outras drogas, especialmente a cocaína, disso não tenho a menor dúvida. Com a idade, muitos abandonam a maconha e vão atrás de uma vida mais séria. Outros a trocam pela cocaína.

O maior problema da maconha é que ela é usada já na puberdade, nos primeiros anos da adolescência, quando está se formando a personalidade e o caráter da pessoa. Quanto ao seu uso esporádico em outras fases da vida, não sei afirmar se ela é muito prejudicial, mas na adolescência é muito maléfica. Além de prejudicar a memória, coisa grave para quem está na fase de estudo e de aprendizado como atividade principal, ela interfere na formação do sentido moral da pessoa, no seu senso de responsabilidade e de dever. Ela faz os "bons meninos" virarem um pouco "bandidos". Ela faz o estudante médio ficar preguiçoso de vez. Ela faz o jovem que não gosta de levantar cedo ficar na cama até o meio-dia sem nenhum remorso. Ela acaba com o remorso em geral. E isso é o fim do sentido moral. Ter sentido moral quer dizer exatamente que existe um freio dentro de nós, algo que nos impede de fazer certas coisas porque provoca a dor do remorso. Se não há remorso, não há limites internos para a ação.

Eu repito: isso é muito grave. O uso da maconha é péssimo para os jovens. Empurra-os para a fuga das responsabilidades. Dá a eles força para evitar os novos desafios próprios da fase adulta que está chegando. Faz com que a sensação de covardia e de incompetência para enfrentar dificuldades se transforme em qualidade.

"É isso mesmo! Não vou me enquadrar nessa sociedade burguesa em que tudo está errado!" – esse é o discurso oficial do drogado. Na verdade, o que está sendo dito é: "Não me sinto à altura da disputa e trato de encontrar uma forma mais fácil de me destacar". Mas não é com jogadinhas desse tipo que as pessoas serão felizes. Não se engana o destino com tanta facilidade.

A cocaína

Essa é a droga mais falada e muito usada por jovens, por artistas, que são os seus ídolos, por yuppies, que substituíram os hippies nos anos 1980. É uma droga excitante como as anfetaminas. Ela é cheirada, na forma de pó, e absorvida pelos pulmões; isso quando não é diluída e injetada diretamente na veia. Provoca a destruição progressiva da mucosa do nariz, com prejuízo do olfato. Este é o seu primeiro efeito desagradável e o menos importante. A cocaína tem um efeito fugaz. A excitação, a sensação de que se é um gênio, com cérebro claro e brilhante – o que só a pessoa acha, pois quem convive com ela vê apenas uma pessoa inquieta e angustiada –, dura de 30 a 40 minutos, e logo vem uma tendência para a depressão.

O que fazer quando vêm a depressão, a tristeza, a falta de energia? Ou se enfrenta tudo isso durante horas ou se cheira outra quantidade de cocaína. Assim, a pessoa repete essa operação várias vezes durante a noite, quase sempre acompanhando-a com álcool – pois parece que o álcool tira um pouco da ansiedade gerada pela cocaína, e a cocaína, por sua vez, um pouco da sonolência provocada pelo álcool. De manhã, ou a pessoa sai para trabalhar no estado em que se encontra – deprimida, acabada –, ou então precisará tomar uma boa dose de tranquilizante para poder dormir e não passar pela dor da depressão, um pagamento inevitável por aquelas horas de euforia. Isso é assim mesmo: nada na vida sai de graça.

Se a pessoa for trabalhar, ou irá para a cama muito cedo, à noite, depois do expediente, ou terá de lançar mão da cocaína de novo para poder "se divertir". É o que costuma acontecer, porque o efeito euforizante da cocaína é bom e as pessoas querem repetir tudo o que é bom – ainda que possa fazer mal a longo prazo, pois o imediatismo é muito forte em quase todos nós. Aquele que dormiu – que é rico e não precisa trabalhar, ou teve o cuidado de fazer a noitada na véspera do fim de semana – acordará pesado, indisposto, com uma boa ressaca. A lembrança dos bons momentos, mais do que esse mal-estar, vai impulsioná-lo a voltar para a cocaína. Isto tem de ficar bem claro: as drogas excitantes sempre causam uma depressão posterior. Forma-se, assim, um círculo vicioso, que, se não é exatamente a dependência física, com tremores e alucinações visuais, é um tipo diferente de impulso que leva a pessoa de volta à droga.

A tendência da pessoa é para o uso crescente da droga – crescente na frequência e na quantidade inalada. Muita gente já morreu de overdose, inclusive alguns artistas, ídolos de toda uma juventude! Não conhecemos ainda todos os malefícios causados pelo uso prolongado da cocaína. Podemos, contudo, prever danos físicos parecidos com os ligados ao uso das anfetaminas: desgaste prematuro do organismo e depressões graves, às vezes seguidas de suicídio.

Do ponto de vista humano, afetivo e social, a droga é um desastre. Quem passa a noite bebendo e cheirando cocaína não estará em boas condições para o trabalho no dia seguinte. Com o passar do tempo, os malefícios aparecerão, e a carreira dessa pessoa será truncada. Aliás, ao longo do tempo, a própria vida dessa pessoa será truncada. Se os amigos e a esposa – ou marido – não forem também usuários da droga, jamais poderão tolerar por muito tempo o convívio com alguém que não dorme quando todo mundo está dormindo, que fala desesperadamente e de modo irritante e inútil, que nunca está sóbrio e que desenvolve até mesmo certas inibições sexuais, como dificuldade de atingir o orgasmo e de ejacular. Ou seja, o cocainômano, como o alcoólatra, é um chato que só será suportado por pessoas que estejam na mesma condição que ele. Não há ascensão, só há decadência prevista nessa rota.

O crack é um derivado novo da cocaína, mais barato e parecido em tudo com ela. É uma pasta branca, que se fuma em um cachimbo pequeno – similar aos usados nos anos 1960 para a maconha –, e parece ser do agrado dos jovens. Provoca uma tendência para a violência; libera a agressividade, o que não é nada bem-vindo. Até o momento, o crack está claramente associado a grupos de delinquentes juvenis, a gangues que, depois de fumá-lo, saem para assaltar, estuprar, atirar a esmo etc. Seu uso regular não se estendeu aos jovens da classe média; esses costumam se preocupar, ao menos aparentemente, em manter um mínimo de convívio familiar e social.

Drogas: a melhor experiência é não usá-las

Especialmente quando falamos dos primeiros anos da vida adulta, quando dificuldades novas surgem, existe, é claro, a tentação de irmos atrás de atalhos em vez de percorrer o caminho todo – longo, difícil e cheio de buracos.

É evidente que existem situações em que alguma droga aparece como símbolo de comemoração de vitória. Já falamos do champanhe dos campeões de Fórmula 1; dissemos também que eles tomam um gole apenas e espirram o resto nas pessoas. Uma taça de champanhe para comemorar o Ano-Novo, o aniversário, o noivado etc. é apenas parte de um ritual; é completamente diferente de tomar uma garrafa de pinga para afogar as mágoas ou conseguir coragem para telefonar para a pessoa amada.

Esse é um bom exemplo para começarmos a discutir o tema: quando uma pessoa tímida toma um drinque para ter coragem de abordar alguém que lhe interessa – ou para conseguir dar sinais de que está interessada em alguém –, ela não está resolvendo sua timidez. Está "resolvendo" o seu problema imediato! Continuará tímida da mesma forma e tenderá a depender cada vez mais do álcool. Se ela se dispusesse a enfrentar de fato a timidez, teria problemas a curto prazo, pois talvez não conseguisse abordar a pessoa da qual estava a fim. Porém, quando um dia chegasse a isso por seus próprios meios, teria realizado um brutal avanço pessoal. Freud – o genial criador da psicanálise – dizia que começamos a nos tornar adultos quando nos tornamos menos imediatistas quanto ao prazer: quando abrimos mão de uma bala hoje em favor de um saco de balas no futuro!

Quando o adolescente constata sua dificuldade para aprender as matérias do ensino médio – ou dos últimos anos do ensino fundamental –, isso pode lhe causar grande dor, principalmente se ele teve muita facilidade durante os primeiros anos escolares. Poderá ficar mais infeliz se constatar que alguns amigos, ou irmãos, estão tendo mais facilidade que ele. Poderá, então, agir de duas maneiras: ou redobrará os seus esforços, ou buscará um caminho para chamar a atenção de outra maneira. Redobrar os esforços é a atitude de bom senso. É a atitude de coragem do forte, de quem tem muitas conquistas pela frente. Afinal, as dificuldades foram feitas para ser ultrapassadas, custe o que custar.

O caminho para chamar a atenção de outra maneira, em geral, é deixar de ser um "bom rapaz" ou uma "boa moça" e tentar preocupar os pais por condutas que eles reprovam dramaticamente. Não estou dizendo que não seja da natureza dos adolescentes a rebeldia e a vontade de se opor à família. O fato é que pode haver a coincidência dessa vontade com a necessidade de se livrar daquele obstáculo que está acovardando a pessoa.

Um rapaz, por exemplo, tinha planos de ser médico, estudava numa boa escola e ia bem até certo momento de sua vida. De repente, surgem as dificuldades: ele se acovarda diante da dimensão dos obstáculos; acha que nunca será capaz de aprender física, que aqueles problemas de química são difíceis demais. "Decide", assim, que é melhor fazer administração de empresas. Pede aos pais para ir para uma escola mais fraca e afasta-se dos amigos mais sérios e estudiosos. Ele pode falar o que quiser, pode se dar ares de feliz e contente, mas por dentro estará arruinado, com o moral lá embaixo. Pode dizer que está realizado por ter encontrado o seu verdadeiro caminho. Pode convencer muita gente, mas não convence a si mesmo. Ele não teve forças para enfrentar as dificuldades e procurou o atalho. E dificilmente irá se dar bem na administração de empresas. Sim, porque em todas as profissões existem muitos obstáculos, e aquele que não os enfrenta não vai para a frente. Não adianta aparentar; é preciso ser. É preciso ser corajoso, persistente e humilde para chegar a algum lugar. A esperteza, como a mentira, tem pernas curtas.

É exatamente esse tipo de rapaz, vivendo esse tipo de problema, o que mais chances tem de vir a fumar maconha. E, se gostar da experiência, vai apegar-se mais que depressa à droga. Afinal de contas, toda a "ideologia" que acompanha a maconha é de contestação do sistema, da sociedade de consumo, do capitalismo.

Não estou defendendo a nossa sociedade como sendo a ideal, evidentemente. Na teoria temos o sonho de um mundo muito mais justo e talvez menos competitivo. Mas a verdade é que o mundo que está aí é o melhor que a nossa espécie conseguiu construir até agora. Nós precisamos de sangue novo para continuar a tarefa de melhorar as condições de vida do ser humano na Terra, que, diga-se de passagem, já foram muito piores. Porém, sangue novo e produtivo. Precisamos de uma nova geração: contestadora mas enérgica, trabalhadora, persistente e determinada, capaz de ir ocupando o seu espaço. Não precisamos de pessoas que mergulham nas drogas, que deixam de tomar banho, que agem com falta de educação, que dormem muito mais do que trabalham e depois vêm nos dizer que somos incompetentes e que o nosso país ou o nosso planeta é uma porcaria. E muito menos queremos que venham nos enganar, dizendo que se drogam e praticamente não levantam da cama porque o mundo é como é. Na realidade, fazem isso porque não tiveram forças para enfrentar suas pequenas dificuldades pessoais. É feio e inútil apontar o dedo, "buscando" culpados para nossas incompetências.

Não quero ser injusto e fazer generalizações que não correspondem aos fatos. É verdade que existem jovens responsáveis e trabalhadores, que levam seus estudos com seriedade e disciplina, demonstram coragem diante das dificuldades e que gostam de um "fuminho" de vez em quando. Experimentaram a droga e gostaram da sensação que ela provoca –

de relaxamento e descontração, de paz e alegria. O efeito, para quem se dá bem, é bom mesmo. Nos fins de semana, na praia, à noite junto com a namorada – ou namorado –, ouvindo uma bela música, esses jovens não veem nada de mal em fumar um "baseado". Às vezes fazem isso também para surfar – e aí eu já não acho tão sem risco, do mesmo modo que não acho que se deve beber álcool ou usar qualquer droga antes de dirigir um automóvel ou uma motocicleta.

Pessoas assim existem. São aquelas para as quais a maconha não causou o seu pior efeito, que é o de comprometer o senso do dever e da responsabilidade. Aliás, é um pouco difícil saber quanto desse efeito vem da maconha e quanto decorre do fato de o jovem ter se acovardado diante das dificuldades. De todo modo, acredito que, no mínimo, a maconha ajuda o indivíduo a ser um "covarde em paz", ou um "covarde feliz", se autoenganando. Acho que ela colabora para perturbar o sentido moral para além disso; mas, mesmo se fosse só isso, já seria muito grave.

Para nós, adultos, ainda sobram duas preocupações. A primeira é que essas pessoas sejam exemplos para outras menos afortunadas pelo destino e que venham a ter sua vida muito prejudicada pela maconha. Nunca se sabe quem vai ser o fumante eventual e quem vai se transformar no maconheiro típico. Cada um que experimenta a droga corre um risco. A outra preocupação é que esses jovens, que tão bem controlam sua relação com a maconha, sintam-se, por isso mesmo, muito autoconfiantes e acreditem que farão o mesmo, por exemplo, com a cocaína. Pode ser que isso não aconteça e que a cocaína seja mais forte do que eles. Conseguiram escapar dos problemas da maconha, e isso lhes abre as portas para o caminho da cocaína. A maconha abre a porta para outras drogas, tanto quando o indivíduo se vicia – ou está no caminho – como quando ele tem o controle adequado sobre ela.

De qualquer forma é sempre importante declarar que pessoas que fumam maconha nos fins de semana sem que isso lhes prejudique a vida também não podem atribuir a essa droga nenhuma das coisas boas que elas têm. Ou seja, a maconha pode não as ter atrapalhado, mas não as ajudou em nada. Aliás, nunca saberemos o que seriam sem ela. Pode ser que ela esteja até atrapalhando um pouco essas pessoas.

A cocaína não está relacionada com o sucesso?

A cocaína, pelo modo como apareceu para uso de pessoas não delinquentes e de comportamento socialmente adequado, trouxe a impressão de que era a droga de escolha dos vencedores. Parecia que ela iria substituir o champanhe nas comemorações, especialmente nas dos jovens profissionais bem-sucedidos – os yuppies dos anos 1980. Esses jovens fizeram uma trajetória oposta à dos seus antecessores: não negaram nem criticaram os valores da sociedade burguesa e consumista e a assumiram como sendo ótima, e trataram de ser os vencedores exatamente dentro das regras do jogo. Talvez em momento nenhum da história a juventude tenha sido tão conservadora quanto nos anos 1980. Os próprios pais desses jovens os achavam "caretas"!

Aí veio o sucesso para eles. E o sucesso tinha de ser ostentado. Tinha de ser representado pelo carro da marca tal, pelo relógio e pela roupa de grife, pelas viagens, pelos barcos, pela frequência a tantos e tais restaurantes, e assim por diante. E a cocaína conseguiu seu lugar entre as características do sucesso. Isso por várias razões. Uma delas, por ser mais cara e, portanto, estar de acordo com a filosofia yuppie de que se deve buscar tudo aquilo que só uns poucos podem comprar – é a forma de se destacar pelo poder econômico. A outra razão é o fato de a cocaína ser um forte estimulante, coisa que, como já disse, criava condições para que os jovens se divertissem durante a noite e fossem capazes de trabalhar pesado durante o dia. Eles queriam agarrar o mundo com as mãos. Não conseguiram.

Há também uma terceira razão. O sucesso é coisa complicada, especialmente quando atingido muito rapidamente, ainda na mocidade. Ele traz consigo tendências destrutivas, sabotadoras do próprio sucesso. Essas tendências devem vir disfarçadas em coisa boa, que é como todas as obras do demônio se mostram – ninguém irá morder um doce envenenado se ele não tiver uma aparência ótima; até para o próprio indivíduo se enganar, isso é necessário. A droga corresponde a essa dupla função: aparentemente é coisa boa, ajuda o indivíduo a "tolerar" bem o sucesso, e ainda por cima tem efeitos, a médio prazo, destrutivos, que é a parte da sabotagem.

Na verdade, é preciso medir as coisas pelos resultados, pelos fatos, e não pelos discursos. Esses jovens tornaram-se bem-sucedidos graças ao seu esforço, à sua determinação, à sua vontade de dar certo na vida profissional. Eles primeiro tiveram sucesso, depois conheceram as drogas. Aliás, antes disso não teriam tido nem mesmo o dinheiro para consumi-las. O fato não é que eles deram certo graças à cocaína. Nem apesar da cocaína. Já eram pessoas de destaque antes de a cocaína ter entrado em suas vidas. A partir daí, podem ter se sustentado por algum tempo nas boas posições que tinham, apesar da droga. Mas de certo ponto em diante começaram a cair. Uns perceberam a "fria" na qual tinham entrado e se afastaram definitivamente da cocaína; tiveram força para isso; conseguiram retomar a vida profissional. Outros, envolvidos com a droga de forma mais profunda, mais difícil de se livrar, com maior dependência, arruinaram-se profissional, social, sentimental e humanamente.

> *E os artistas e músicos
> que usam drogas: não são
> ganhadores?*

Vamos usar o exemplo dos músicos para ilustrar um pouco mais a questão dos caminhos que se percorrem para chegar ao sucesso e, depois, como é difícil se aguentar lá, sem se deixar derrubar pelas tendências destrutivas presentes dentro de cada um. A situação dos músicos e dos artistas é comparável à dos esportistas: são pessoas que chegam a ter sucesso enorme, em termos de fama e fortuna, ainda muito jovens e de forma brusca. A situação é diferente com um profissional liberal ou um empresário: a evolução é gradual e o sucesso – mais fortuna do que fama, na maioria das vezes – chega em uma fase mais amadurecida da vida. Periodicamente ouvimos falar, por exemplo, de um grande esportista que destruiu sua carreira de sucesso por causa da droga. Um caso recente e dramático foi o de Maradona, extraordinário jogador de futebol argentino. Esse moço, de talento inquestionável, não ganhou nada com a cocaína.

O problema é que o sucesso rápido é uma coisa complicada mesmo. Ele provoca medo. É como se as coisas ruins tivessem mais chance de acontecer quando se está muito feliz. E é claro que o sucesso profissional nos deixa muito felizes. O mesmo acontece com o sucesso sentimental. Se estivermos felizes no amor e, ao mesmo tempo, formos bem-

-sucedidos no trabalho, aí então é que o medo de que alguma coisa ruim aconteça crescerá para valer! Chamo isso de "medo da felicidade". Esse medo está na base de toda superstição. Por exemplo, quando dizemos que "está tudo bem", gostamos de bater na madeira, fazer figa ou algum outro tipo de ritual que espante o mau-olhado, a inveja dos deuses e dos humanos.

Se não aguentarmos mesmo a nossa felicidade, uma das coisas que podemos fazer é agir de modo que estrague alguma das coisas que temos. É aí que surgem as tendências destrutivas que citei há pouco. Por exemplo: um empresário que não esteja aguentando tudo o que tem de bom pode decidir ampliar mais ainda os seus negócios. Nesse processo, pode estar pondo em risco boa parte – se não tudo – do que conseguiu. Com a intenção de ficar mais rico e mais poderoso, pode perder uma parcela importante dos seus bens, estragando sozinho sua felicidade. Da mesma forma, um homem feliz no amor pode decidir que precisa de outras experiências sentimentais porque sua vida está muito monótona. De repente, apaixona-se por alguém nada adequado para ele, e essa paixão é suficiente para desestruturar completamente a vida que tinha até então. E assim por diante.

Não é difícil dar exemplos de processos destrutivos parecidos com esses. Eles têm em comum a aparência de que vamos conseguir um avanço, mas o resultado final nos mostra que o processo era essencialmente destrutivo. Agora, nada se presta tão bem para fazer esse papel de destruição, disfarçado em avanço e em prazer, quanto a cocaína. O indivíduo fica eufórico, com disposição para conversar, para passar a noite em claro com animação; é capaz de beber sem ficar bêbado nem tão tonto. Enfim, cocaína é droga cara, privilégio, portanto, de pessoas bem-sucedidas financeiramente. Seu efeito é ótimo e, aparentemente, não faz mal algum. Parece que se descobriu a fórmula da felicidade. É a felicidade química, sonhada por alguns intelectuais pessimistas, que achavam que essa seria a única maneira de sermos felizes.

Mas que nada! É o início do abismo, mesmo para músicos e artistas em geral. Alguns já morreram de overdose, e todo o mundo sabe disso. Outros conseguem compor e produzir, apesar das drogas, o que já é uma proeza extraordinária. Muitos deles fizeram suas melhores obras antes das drogas, e sabem disso. E por que, então, não param? Porque o sucesso lhes dá medo e a droga tira momentaneamente esse medo de ser feliz. Tira na hora, e o medo vem dobrado depois, o que leva a pessoa a se viciar mais ainda nela. O sucesso traz, com frequência, uma sensação de solidão. Sim, de solidão! O indivíduo fica cercado de gente – gente que o admira, que o inveja, que o idolatra. Mas poucos – se é que alguns! – são verdadeiros amigos, sinceros e desinteressados. E, mesmo sinceros, como acreditar neles? E os amores, são sinceros ou são interesseiros? Como ter certeza? Enquanto isso a solidão toma conta dos espaços. E puxa mais ainda o desespero!

E com ele o álcool, a maconha, a cocaína, enfim, o que passar pela frente.

Como se isso não bastasse, existe mais um problema. O ser humano não foi feito, de jeito nenhum, para ficar desocupado. Com razão, os caipiras dizem que "cabeça vazia é oficina do demônio". Muitos artistas passam longos períodos de sua carreira sem trabalho. É fácil cair na tentação das drogas. Esse aspecto da desocupação é fundamental. A maior parte das pessoas que eu conheço que não trabalham regularmente faz uso de alguma droga com frequência. Mas a verdade é a seguinte: a maioria dos artistas com longa vida de sucesso não é drogada. Podem existir algumas exceções. Mas não se iludam e não as tomem como modelo.

Afinal, devemos experimentar as drogas?

Os jovens observam as relações com certas drogas, no comportamento dos seus pais e dos outros adultos importantes para eles. É claro que o que se vê tem mais valor do que aquilo que se ouve. Os pais podem estar dizendo umas tantas coisas mas estão fazendo outras completamente diferentes do que dizem. Isso é verdade em relação às drogas e aos vícios em geral, bem como em relação a outros assuntos. Por exemplo, uma mãe pode passar a mensagem de que ela acha importantíssimo que a filha seja uma estudante aplicada. Mas ela mesma dorme até as 11 horas da manhã todos os dias, depois vai à piscina do clube, ao cabeleireiro e às compras, enfim, passa o tempo todo vivendo de forma superficial.

Assim, no que acreditar? Nas palavras ou nas ações? A primeira coisa a fazer é aprofundar a compreensão psicológica dessas pessoas que são pouco coerentes. São criaturas profundamente infelizes. Se falam uma coisa e agem de outra forma é porque não têm força interior para agir como pensam! E essa é uma das piores coisas que podem acontecer a alguém: saber distinguir entre o certo e o errado ou entre o bom e o ruim – de acordo com um sistema de valores em que se acredita – e depois não ter competência para viver de acordo com o que é certo ou o que é bom. A pessoa pode tentar ostentar que está feliz, que sua vida é ótima, que ela é o máximo. Mas isso é pura fachada; é total mentira. Por dentro correm as lágrimas da baixa avaliação de si mesma, da tristeza que isso determina. É como diz o ditado antigo: "Por fora, bela viola; por dentro, pão bolorento".

Observando por esse ângulo, que considero o mais importante, penso que se deve levar mais a sério o que as pessoas falam do que aquilo que fazem. O fato de não terem força para agir do "modo bom" não significa que não saibam qual é esse modo. É evidente que gostariam que seus filhos não tivessem o mesmo destino triste e frustrado que elas têm. Um homem profissionalmente desonesto que impulsiona o seu filho na direção da maior honestidade está dizendo para si mesmo e para o filho que acha terrível e indigno ser desonesto. Talvez ele não tenha forças para mudar o próprio destino – até porque o passado estará sempre vivo na sua memória –, mas quer evitar destino semelhante para o filho. São poucos os desonestos, bem como os desocupados, que educam seus filhos para serem iguais a eles. O oposto não é verdadeiro: pessoas íntegras e trabalhadoras se orgulham verdadeiramente do que são e tentam passar esse mesmo exemplo para seus filhos. É coisa para se pensar profundamente.

Muitos pais fumam cigarro. São viciados e reconhecem isso. Viciaram-se, como tantos de nós;

muitos deles antes mesmo de saber dos malefícios da nicotina. Detestam o fato de ainda não terem sido capazes de largar o vício. Não têm – nem podem ter – nenhum orgulho de si mesmos a respeito desse aspecto de sua vida. Às vezes são pessoas superdisciplinadas em quase todas as outras áreas da vida. São obstinadas e vão atrás de tudo o que querem. Mas não conseguem parar de fumar! Ficam, é claro, muito aborrecidas consigo mesmas. Sugerem aos filhos que jamais se aproximem do cigarro. Não querem que eles sequer o experimentem. Temem que gostem, fumem algumas vezes por brincadeira, tornem-se dependentes sem perceber e, depois, tenham a mesma dificuldade que elas para largar o cigarro. Os pais querem proteger os filhos. Querem evitar que os filhos repitam a bobagem que eles fizeram e que até hoje lhes custa caro. Tem lógica o comportamento deles.

O mesmo raciocínio vale para outros adultos que interferem na formação dos jovens: avós, professores, amigos dos pais, tios etc. Eles podem ser viciados em cigarro, em bebida alcoólica, em comer demais — especialmente doces —, em jogos de cartas, em corridas de cavalo. Isso não os impede de sugerir com veemência aos jovens que se afastem dos vícios. Não há incoerência entre o que dizem e o que fazem. Há apenas em ação uma das características dos vícios: quando alguém se vicia, a dependência que se estabelece é mais forte que a sua razão. Às vezes penso de uma forma exatamente contrária: são os viciados os que sofrem na carne os malefícios de ter uma – ou mais – coisa que manda neles, da qual são dependentes absolutos. São eles, pois, os que mais motivação têm para ser enérgicos e opositores veementes da iniciação de seus filhos. Eles sabem o quanto sofrem com o vício. Eles têm conhecimento vivido sobre o assunto.

Uma palavra sobre a educação moderna

Sei que pode parecer absurdo falar em educação para os jovens. Falar sobre educação para os educandos e não para os educadores. Mas os jovens precisam compreender melhor os seus pais. Eles têm de compreender melhor o exato momento em que chegaram aqui na Terra. Isso para não cometerem determinados erros que poderão ser fatais para os seus próprios objetivos. A geração de pais que está aí – e as que vieram antes dela – foi educada de forma muito rígida, intolerante e radical. Os filhos não tinham vez; só os adultos contavam. Os filhos deviam tudo aos pais. Pelo simples fato de lhes terem dado a vida, parecia que os pais já tinham feito muito; assim, aos filhos cabia obediência eterna. Poderiam cobrar isso depois dos seus próprios filhos. Eles deviam aos seus pais, e seus filhos deveriam a eles.

Nossa geração, influenciada pela psicanálise, começou a rever tudo isso. Passamos a prestar atenção nos nossos filhos, a nos preocupar em não fazer mal às suas "cabeças", especialmente durante os anos de formação. Passamos a ser mais carinhosos e amorosos, dando a eles o que não tínhamos recebido. (Meu pai, por exemplo, me beijou pela primeira vez quando eu tinha mais de 30 anos de idade; e isso porque os costumes já tinham se modificado!) Então o modo pelo qual se educava caiu em descrédito, e a preocupação com as crianças e os adolescentes, com suas necessidades e carências, suas fragilidades – e como ajudá-los a superá-las –, passou a ser a grande meta dos pais.

Como quase sempre acontece na História, o pêndulo se inverteu. Saiu-se de um polo radical para o polo oposto. O bom senso, que está no meio, não teve vez, como de costume. Tornamo-nos pais superprotetores, pais que têm medo de dar diretrizes firmes aos filhos porque elas podem não estar certas e isso os fará sofrer. Pais superprotetores e covardes! É evidente que muitos outros fatores contribuíram para essa falta de firmeza nas normas de educação, inclusive o fato de estarmos vivendo, desde os anos 1960, uma enorme crise de valores. É difícil educar com firmeza quando a pessoa não sabe direito decidir as coisas nem para si mesma! Um outro fator que tem interferido muito na relação entre pais e filhos é a possibilidade de dissolução da família. A possibilidade do divórcio deixa os pais fracos, inseguros e com medo de perder a afeição dos filhos. Antigamente era o contrário: os filhos é que tinham medo de perder o amor dos pais.

Aonde eu quero chegar? Quero que os jovens saibam que a educação que estão recebendo é fruto desse conjunto de circunstâncias. Ela tem algumas coisas boas: afetividades mais claras e explícitas, maior espaço para se colocar como pessoa desde pequeno, maior liberdade de escolha individual, maior liberdade sexual etc. Mas tem outras coisas muito negativas, que vocês precisam saber identificar e tentar modificar, do contrário seus projetos de vida não serão bem-sucedidos. Os jovens cresceram com a ideia de que sabem muito. Parecem inteligentes e articulados porque acumularam informações – graças à televisão e, mais recentemente, à Internet – mais rapidamente do que as outras gerações. Mas isso não é verdade! A permissividade e a liberdade excessiva que receberam fizeram deles, em geral, criaturas mimadas, achando que podem tudo – isso se chama "onipotência". Geralmente cresceram com a ideia de que são o máximo e que tudo para eles vai dar certo. Isso também não é verdade – só uma pequena parcela da população dá certo na vida; e essa é composta dos mais fortes, não dos mais mimados! Cresceram com pouca capacidade para atividades que exigem disciplina. São "espertos" e pensam que serão os donos do mundo apenas com charme e sorrisos; isso pode ter funcionado com a mamãe e com a vovó, mas seguramente não vai dar certo na rua, na vida real dos adultos.

Gostaria que os jovens fizessem um balanço honesto de tudo o que tem sido a educação deles. É importante que saibam quais são os seus pontos fracos, porque assim poderão livrar-se de cada um deles. Não acho que seja pedir demais que eles mesmos percebam que algumas das facilidades que receberam foram excessos derivados das circunstâncias da época em que nasceram. Não devem confundir isso com a verdade nem ver na educação que tiveram uma coisa muito sábia. Não estou dizendo que a educação anterior era "legal". Claro que não era; se fosse, estaria em vigor até hoje. Mas a atual também não é. A virtude está no meio-termo. A vida não tem de ser tão pesada como se ensinava anteriormente, mas também não é esse parque de diversões que vocês aprenderam.

A droga é uma renúncia à liberdade

Dentro da permissividade atual da educação e da brutal desorientação na qual vive a maioria dos adultos, muitos pais diriam o seguinte: "Afinal de contas, faz sentido que nossos filhos experimentem a maconha; não deve fazer tão mal assim; como poderão saber sobre ela sem experimentar?". Na cabeça desorientada deles, como na dos seus filhos, passam as coisas típicas de quem não tem opinião formada: "Os filhos de todos estão fumando maconha; os artistas fumam; não deve ser muito diferente dos pileques de cuba-libre do nosso tempo. Vamos deixar que fumem para ver o que acham". Esse negócio de "os outros estão fazendo" é argumento forte na cabeça dos pais e principalmente na dos filhos. Mas é relativo, porque o fato de existir grande número de rapazes que estão tendo experiências homossexuais não leva nenhum pai que conheço a falar sobre esse assunto como falam sobre a maconha!

Muitos pais são mais contrários ao uso de cigarros de tabaco, pois esse vício é comprovadamente maléfico. Outros, que têm alcoólatras na família, preferem a maconha ao álcool. Na realidade, não podem ver a cara triste do filho, frustrado porque o fulano está fumando maconha e ele não. Esses pais não suportam decepcionar os filhos, estabelecer limites para eles. Têm medo de não ser mais amados por eles. Não querem que seus filhos fiquem para trás ou por baixo; eles têm de estar na onda. Quando estamos inseguros, preferimos ir junto com os outros; assim, se errarmos, o erro fica diluído; ao menos, a responsabilidade.

Nesse assunto, como em vários outros, tenho uma posição bastante definida e definitiva. Não é uma opinião leviana e baseada em princípios moralistas. Eu trabalho com pessoas, com suas dores e angústias, o dia inteiro, há mais de 40 anos. Ouço histórias, acompanho o que acontece com os pacientes às vezes por décadas. Afirmo o seguinte: nada é mais sábio, em relação às drogas, do que jamais experimentá-las!

Já escrevi antes e vou repetir: as drogas têm efeitos agradáveis; é lógico que têm, caso contrário ninguém ficaria "ligado" nelas – "ligado" é palavra da gíria, que tem duplo sentido: "aceso" e, também, "preso", "atado". Não há a menor dúvida de que as drogas geram o desejo de usos repetidos, o que é a porta de entrada da dependência psíquica. Por vezes surge também a dependência física, que agrava bastante o problema. Mas, mesmo sem a dependência física, o vício das drogas pode ser muito grave e destruir todo o projeto de vida de uma pessoa.

Quem nunca experimentou o cigarro de tabaco não sabe se gostaria ou não dele. O mesmo vale para o álcool, a maconha ou a cocaína. Digamos que alguém experimente e goste, o que é uma hipótese bastante provável. Tenderá a querer voltar a provar aquilo que lhe foi agradável. Terá um enorme problema: ou irá em frente, e repetirá a experiência várias vezes – coisa muito perigosa –, ou então terá de fugir da droga, apesar de toda a vontade que possa sentir. Se porventura vier a se viciar, terá de passar pelos dolorosos caminhos da recuperação – dolorosos e sem garantia de eficiência. Em outras palavras, algum tipo de sofrimento estará obrigatoriamente incluído nessa rota. Se não a tivesse seguido, não teria sofrimento algum!

A segunda possibilidade, quando se experimenta uma droga, é não gostar dela. Será uma experiência desagradável e, às vezes, de tão ruim, inesquecível. A sensação poderá ser discretamente ruim, como no caso do cigarro de tabaco – tosse e náusea –, ou pode ser a sensação de que se está perdendo o controle sobre os pensamentos, de que se está ficando louco – como pode ocorrer no caso da maconha, da cocaína, do LSD etc. Nesse caso, definitivamente não valeu a pena ter experimentado!

Se a filosofia de vida é a da independência, da liberdade individual cada vez maior – desde que respeitados, é claro, os direitos iguais das outras pessoas – e da autonomia em relação a quase tudo o que possa nos prender ou nos fazer mal, então as drogas não podem fazer parte dos nossos projetos. Elas são a dependência, a renúncia à liberdade. Funcionam como coisa ruim disfarçada sob o manto da diversão e do erotismo. Quem é a favor das drogas é a favor da dependência, da falta de liberdade. Quem é a favor da individualidade e do direito de cada um de ser dono de si mesmo não pode ser a favor de nada que o possa tirar da rota que pretende seguir.

Não podemos subestimar as drogas; não podemos principalmente superestimar nossas forças. Isso seria onipotência. Não somos o Super-Homem. Somos simples mortais. Tudo o que acontece com os outros poderá também acontecer conosco, pois somos feitos da mesma matéria-prima. Nós temos a razão e o bom senso para tentar usar a nosso favor, em defesa dos nossos objetivos. A grande verdade é que, para não sentir saudade de uma coisa, o melhor caminho é nunca a ter conhecido. Eu experimentei o cigarro de tabaco quando era moleque, gostei e fumei por 35 anos. Já parei há um bom tempo e de vez em quando ainda sofro de saudade. Bebi como todos bebiam na minha mocidade; em um período posterior da vida, bebi mais do que devia; tive certa dificuldade para parar de beber, mas fui capaz de fazê-lo já há vários anos. A maconha eu experimentei e me dei muito mal com ela, pois tive grande pavor de perder o controle sobre os meus pensamentos. Guardo dela péssimas lembranças. A cocaína chegou quando as coisas já estavam mais claras para mim – e para muita gente. Não a experimentei e acho que foi a melhor coisa que eu fiz.

> *É muito doloroso largar uma droga quando não se é viciado?*

Cabem aqui, mais uma vez, algumas palavras sobre a questão do uso comedido das drogas. Teoricamente isso é possível. Depende muito do temperamento de cada pessoa. É mais ou menos a mesma coisa que no amor: algumas pessoas se afeiçoam e se apegam mais rápida e profundamente do que outras. São justamente as mais emocionais e sentimentais que têm maior tendência para estabelecer uma ligação mais profunda com as drogas – afora os casos em que se estabelece a dependência física, em que todos ficam presos da mesma forma. Ou seja, é uma parte importante do melhor segmento de cada geração a que se perde com as drogas. Sim, porque as pessoas mais sentimentais são, em regra, as de melhor temperamento e caráter. Estou falando das pessoas sentimentais de verdade, não daquelas que se dizem muito "sensíveis", o que, na prática, significa que temos de satisfazer todas as suas vontades, caso contrário, elas terão um "ataque de nervos e de agressividade".

As pessoas mais emocionais têm grande dificuldade para estabelecer elos frouxos até mesmo com as drogas. Especialmente quando são muito jovens. Esse aspecto não pode ser desprezado. Os jovens são tudo, menos moderados e comedidos. Eles tendem a ser radicais e exagerados. Então, se não seria tão grave falarmos em uso comedido de drogas para pessoas de mais de 30 anos, para os adolescentes essa proposta é irresponsável. Além do mais, acho indiscutível que, nos anos fundamentais para que se complete a formação do caráter e da personalidade, o indivíduo esteja com a "cara limpa", isto é, não seja influenciado por nenhum tipo de droga. Ela teria efeitos menos dramáticos em personalidades já perfeitamente formadas, ou seja, depois dos 25 ou 30 anos de idade.

Mesmo quando uma pessoa não é intensamente dependente, mesmo quando tem o hábito e não o vício de usar determinada droga, se ela tiver de interromper esse uso, sofrerá um dramático tipo de tristeza, que é relacionado com o fato de nunca mais poder fazer aquilo. "Nunca mais" é sempre coisa muito triste, não só no que diz respeito às drogas. Se um atleta se machucar de forma que não possa mais praticar o seu esporte, terá de passar pelo mesmo sofrimento: nunca mais poderá estar ali fazendo aquilo, disputando com o adversário! "Nunca mais" nos lembra que somos mortais, significa que uma fase da nossa vida terminou definitivamente. Já somos obrigados a passar por várias situações em que nunca mais poderemos fazer determinadas coisas ou estar com determinadas pessoas. Não precisamos, pois, criar mais problemas para nós, afeiçoando-nos a drogas não só inúteis como nocivas à nossa saúde física e mental.

O tratamento dos viciados

Os viciados gostam de dizer que a droga lhes "abriu a cabeça"; que com ela eles desenvolveram maior sensibilidade artística e criativa; que progrediram muito psicologicamente graças às percepções interiores que a droga lhes proporcionou. Tudo mentira! Na realidade, o uso de qualquer tipo de droga atrasa o desenvolvimento da pessoa. Faz com que ela permaneça imatura e sem competência para enfrentar as reais dificuldades da vida. Quando o indivíduo, por medo das adversidades da estrada principal, sai por um atalho, ele não cresce em nada; ao contrário, fica estagnado ou até retrocede – além de diminuir muito a sua autoconfiança, porque o indivíduo sabe que fugiu da realidade por medo do fracasso.

Quando um drogado decide se livrar do vício, aí sim ele passará por uma das experiências mais complicadas e dolorosas que se pode ter na vida. Aí sim ele terá de crescer tudo o que não cresceu antes. Terá de enfrentar tudo o que deixou para trás, e um pouco mais. Eu disse um pouco mais, mas na verdade é muito mais. Sim, porque a pessoa vai precisar se livrar da dependência que estabeleceu com a droga, e isso é uma das maiores dores por que se pode passar na vida.

Isso não era um pedaço obrigatório da estrada da vida. Foi uma decorrência de a pessoa ter pego o atalho. Sair do atalho e voltar para a estrada principal envolve essa dor; depois disso, será preciso enfrentar tudo aquilo de que fugiu. E, agora, em condições de desvantagem: atrasado em relação à sua geração, com a autoestima lá embaixo, com a cabeça – principalmente a memória – ainda perturbada pelos meses ou anos de uso da droga. Ou seja, se a pessoa fugiu, um dia, com medo dos problemas, agora, para se curar, terá de enfrentar problemas bem maiores. Já deu para perceber o tamanho da dificuldade. Já deu para perceber por que tantas vezes esse trabalho não é bem-sucedido. Já deu para entender por que os adultos responsáveis têm tanto medo de que seus jovens se viciem e acham que o fundamental mesmo é prevenir e, não, remediar.

O primeiro passo

Se temos consciência do tamanho do obstáculo, fica bastante claro que as chances de sucesso de qualquer tipo de tratamento contra a vontade do viciado são mínimas. Isso esbarra em um problema até mesmo de ordem moral. O drogado nem sempre está em condições de avaliar seu próprio estado; nessas condições, a família – em concordância com os médicos – pode tomar a iniciativa de impor um tratamento. Mas dificilmente isso irá funcionar, pois o drogado, depois de alguns dias de abstinência e superados os obstáculos iniciais, estará lúcido para decidir o seu destino. Assim, se estiver sendo tratado contra a sua vontade, é bem provável que abandone o tratamento e volte imediatamente para as drogas das quais é dependente.

Não é muito eficaz o discurso contra as drogas feito pela família ou pelos médicos. O viciado sempre faz a defesa do seu vício, do mesmo modo que o amante apaixonado só vê as qualidades da amada. Ao contrário, uma atitude muito radical contra a posição dele só o afastará ainda mais dos pais, daqueles que, na hora oportuna, poderão ser a única "tábua de salvação" que ele terá. Se a minha postura é radicalmente contrária ao uso de drogas é para que se consiga evitar que um jovem chegue a essa situação. Agora, quando a situação já é essa, não adianta mais criticá-lo ou censurá-lo. Agora ele é um viciado, uma pessoa dependente da droga e que não tem forças para agir diferentemente. Não é mais hora de censurá-lo. É hora de ver o que se pode fazer para ajudá-lo.

Nesse sentido, é necessário paciência, tolerância e companheirismo para ajudar o viciado. Isso vale para os pais e também para o psicoterapeuta que o esteja acompanhando, bem como para os professores e outros adultos que se relacionem com ele. É preciso esperar que algo amadureça dentro da cabeça desse jovem. Pode levar meses ou anos. Pode até nunca acontecer – e aí não haverá nada que se possa fazer a não ser rezar. É preciso que o jovem chegue para nós e se reconheça como viciado e nos peça – clara ou sutilmente – ajuda.

Isso significa que ele parou de mentir para si mesmo. Significa que reconheceu que pegou uma rota errada; que, por comodismo, covardia, influência dos amigos ou o que tenha sido, saiu por um atalho e se perdeu do caminho que tinha sonhado para si. Tendo parado de mentir para si mesmo, tendo consciência de que não tem todas as forças para comandar a sua relação com a droga e "abandoná-la na hora que desejar" – que é o discurso do viciado –, estarão criadas as condições para que inicie a difícil e penosa caminhada na direção da recuperação da sua integridade e do seu caráter.

O segundo passo

Espero que tenha ficado bem claro que não acredito na recuperação de viciados a não ser quando eles se reconhecem como tais e aceitam, livre e espontaneamente, submeter-se ao tratamento necessário. Acho que durante a fase de acompanhamento do drogado – fase em que os pais e outros adultos devem ter tolerância e respeito para com alguém que está doente e não é mais tão responsável por seu estado – a única coisa que a família pode sugerir é que o jovem procure um psicoterapeuta. Se ele concordar e se houver uma boa relação entre ele e o terapeuta, isso poderá acelerar a chegada do dia em que ele pedirá claramente ajuda para se afastar de vez das drogas. Acho também que esse tipo de conscientização e de relação humana especial, que é a psicoterapia, aumenta a chance de que esse dia tão esperado chegue.

A chegada desse dia significa que o indivíduo está pronto para passar por um grande sofrimento. Ele já sabe, porque aqui e ali já tentou por si mesmo, que será dificílimo se separar definitivamente da droga. Eventuais angústias e mesmo crises próprias da abstinência podem ser atenuadas com medicações adequadas. Podem e devem ser usados tranquilizantes nessa fase, segundo o meu ponto de vista. Mas a saudade da droga é similar à que se sente quando se perde um grande amor; semelhante à que a criança sente quando se afasta da mãe. Todas as dependências são semelhantes entre si, e a ruptura do laço que nos une a uma pessoa, objeto ou situação causa uma dor brutal.

Esse trabalho dificílimo só poderá iniciar-se quando o organismo estiver totalmente desintoxicado, realmente livre da droga. A pessoa precisa de toda a sua energia para trabalhar na direção de se salvar. É a fase em que os remédios podem ajudar um pouco, além da força de vontade que deriva da determinação de se curar. Quanto mais penso sobre o assunto, e também quanto mais histórias escuto, mais acredito que, nessa fase pelo menos, internar-se voluntariamente numa clínica para drogados em recuperação é uma ótima opção. Essa iniciativa resolve mais dois problemas: afasta a pessoa não só da tentação, do risco de uma recaída numa fase ainda muito delicada, como também dos "amigos", que estão no mesmo barco que ela, e dos traficantes, que farão de tudo para não perder o "cliente".

Outra grande vantagem das clínicas são as reuniões de grupo. Os jovens podem ouvir a história de vida de outras pessoas que passaram por experiências semelhantes. Isso ajuda muito porque muitas vezes é mais fácil perceber os erros e a ingenuidade dos outros do que os nossos. Além disso, cria-se um clima de solidariedade, de companheirismo. Só que agora para uma meta construtiva, não a solidariedade dos grupos de drogados que se reúnem para usar a droga e para falar mal das pessoas que não agem como eles (será dor-de-cotovelo?). Compõe-se uma aliança, um clima de ajuda recíproca entre pessoas que tiveram vivências parecidas. Muitos dos médicos, psicólogos e terapeutas que trabalham nessas clínicas também são ex-drogados. São, portanto, pessoas em condições de entender tudo o que se passa com o indivíduo que está se desintoxicando e tentando se libertar.

A grande utilidade do convívio de pessoas com problemas parecidos de dependência foi mostrada pelos Alcoólicos Anônimos – os AA. Esses grupos de ex-viciados em bebida alcoólica ensinaram muito aos médicos; e puderam fazer isso justamente porque tinham vivências parecidas. Eles sabiam qual era a dimensão do obstáculo que a pessoa estava tentando ultrapassar. Os médicos nem sempre tinham uma visão clara do problema porque lhes faltava a vivência, que é fundamental. Quem nunca fumou, por exemplo, não tem a menor ideia de como é difícil largar o cigarro; não entende por que as pessoas, sabendo que o fumo faz mal, não param com ele imediatamente; não entende o que é o vício.

O clima de solidariedade e de verdadeira compreensão pode ser um importante atenuador da sensação de abandono e de solidão que a interrupção da droga provoca na pessoa viciada. O aconchego do grupo ajuda muito, também por esse lado: a pessoa se sente menos órfã; pelo menos tem vários irmãos! Os grupos que se formam dentro das clínicas também servem para que o indivíduo não se sinta muito desajustado. Se tentasse a desintoxicação fora, precisaria afastar-se dos velhos "amigos" e não teria com quem conviver; e a solidão não interessa nessa fase do processo. Além disso, é melhor não facilitar, não se dar chance para cair em tentação. Periodicamente a vontade de se drogar volta com tudo. Ela dura alguns minutos e depois vai embora. Porém, se nesses minutos o indivíduo tomar algumas medidas para obter a droga, aí dificilmente será capaz de resistir. Por isso é melhor estar longe de tudo; longe dos perigos que ainda são grandes.

Essa fase, em que o viciado volta a achar que é possível continuar a viver mesmo sem usar drogas, pode durar seis, nove ou até doze meses. Esse é o tempo médio das internações. É o tempo de uma pessoa se recuperar da perda de um grande amor ou da morte de uma criatura muito querida. É o tempo "do luto". É também um período em que o indivíduo desenvolverá a humildade que talvez lhe tenha faltado na época em que se iniciou nas drogas. Já sabe que não é todo-poderoso. Já sabe que "nunca mais" poderá chegar perto da droga. É isso mesmo: nunca mais! Já sabe que a droga é mais forte que ele, e isso não o aborrece mais. Essa é uma verdade que a pessoa altiva, arrogante e onipotente não pode aceitar. Mas nós, seres humanos comuns, nós, humildes seres humanos, sabemos que é assim e pronto.

O terceiro passo

Quando já passou o "luto" – não totalmente a vontade de se drogar, pois esta pode ainda demorar muito a passar –, ou seja, quando a falta da droga não perturba o ex-viciado mais do que alguns instantes por dia, é chegada a hora de voltar às condições reais de vida. É chegada a hora de voltar a estudar, se for esse o caso, ou de procurar um trabalho. É preciso muita humildade também nessa hora, pois é evidente que a pessoa vai entrar por baixo no jogo da vida. Os viciados, que tanto gostam de se sentir por cima, na realidade estão se atrasando em relação aos seus colegas "caretas". Mas não faz mal. Agora a pessoa entra atrasada, por baixo, mas rica em uma série de fortes experiências humanas. Não as experiências do uso das drogas, mas as experiências derivadas do difícil caminho para se livrar delas!

Muitos dos jovens que não chegam perto das drogas demoram mais para perder a onipotência, a ideia de que as coisas ruins nunca os afetarão, de que a doença, a morte e as grandes dores são só para os outros. É evidente que os ex-viciados já tiveram o seu primeiro grande tombo e já sabem que tudo o que existe de ruim existe também para eles. Os jovens terão de, um a um, deixar de lado a onipotência. Isso geralmente acontece quando sofrem um grande revés, uma grande perda, quando amargam um grande fracasso. Têm, então, uma crise forte, que costuma durar meses, da qual saem muito mais amadurecidos, e, é claro, mais humildes. O ex--drogado, no processo de se recuperar da dependência, também tem a oportunidade de resolver esse problema de imaturidade juvenil. Nesse particular, pode ser que esteja em vantagem, na frente de muitos dos seus colegas.

Algumas vezes eu vi pessoas saírem de clínicas de recuperação com uma visão um pouco alterada de suas posições. Por terem tido vivência religiosa forte e positiva e também por se sentirem, com justa razão, muito fortes porque conseguiram ultrapassar os obstáculos da recuperação, não raramente algumas pessoas saem com uma certa sensação de superioridade sobre as demais. É uma atitude própria de quem se considera mais forte. Eu definitivamente não gosto dessa postura em pessoa alguma. Mas nesse caso parece que a necessidade de se sentir parte de um grupo especial, privilegiado, é muito forte. Antes, o indivíduo se sentia superior porque era iniciado no saber das drogas. Agora, sente-se superior porque foi capaz de se livrar delas! Que coisa mais chata! A verdade é que gostamos de nos sentir especiais; mas só o somos para algumas pessoas.

    Apesar de tudo, compreendo esse mecanismo de superioridade como um elemento que pode ser temporariamente útil. Ele pode ajudar a pessoa a neutralizar certas humilhações que serão inevitáveis na sua volta ao jogo real da vida. Por exemplo, uma pessoa de 18 anos de idade não irá se sentir muito bem ao voltar a estudar numa classe em que a média de idade seja 15 anos. Mas ela terá de passar por isso. A sensação de superioridade deve ser vista como um quebra-galho, como algo a desaparecer o mais rápido possível.

    Outra coisa compreensível, mas também desagradável para o convívio, é a tendência radical contra tudo que não seja salutar que o indivíduo passa a manifestar quando volta da clínica. Muitos se tornam vegetarianos e passam a ter uma atitude preconceituosa e careta em relação aos que "ainda" comem carne. Uma atitude radical é uma boa defesa contra eventuais desejos de se drogar. É uma defesa útil, mas deve também ser provisória. Quem já entendeu tudo o que se passou consigo não pode ser e agir de modo assim radical. E, principalmente, não pode se transformar em juiz e crítico das outras pessoas. Essa é outra coisa muito chata.

Sugestões para quem quer vencer

Não adianta querermos disfarçar e parecer que somos totalmente objetivos e sem opinião definida sobre um assunto como o das drogas. Eu já vi muita gente se perder, se destruir por causa delas. Vi gente ficar louca com maconha. Vi gente morrer de overdose de cocaína e também por causa das anfetaminas. Vi gente perder fortuna e família em decorrência do álcool. Vi destino igual nos jogos de azar, em cassinos e nas corridas de cavalos. Vi gente morrendo, por falta de ar, em virtude de doenças causadas pelo cigarro. Vi jovens de boa família que assaltaram e roubaram – e até foram mortos pela polícia – por causa da necessidade de comprar algum tipo de droga. Não posso deixar de ser terminantemente contra todas as drogas. Não posso deixar de afirmar que a coisa mais sábia que um jovem faz é nem mesmo experimentar qualquer droga. Não é necessário. Além disso, já está mais do que provado que as drogas não prestam.

Espero ter sido bastante claro ao mostrar que, uma vez viciado, o processo para se livrar das drogas é terrível, doloroso e de resultados muito duvidosos. Ou seja, não é nada raro que o vício se transforme em uma doença incurável. As fronteiras entre a brincadeira, o hábito e o vício são muito tênues e já podemos tê-las ultrapassado sem percebermos isso. Essa é mais uma razão para não brincarmos com fogo. Também é verdade que o vício pode atingir qualquer um de nós. Não tem sentido nos colocarmos como super-homens e dizermos: "Para mim isso jamais irá acontecer; eu tenho absoluto controle sobre mim mesmo!". Isso é ingenuidade; é subestimar os efeitos e o poder de gerar dependência que as drogas têm.

Já afirmei que as drogas têm algum efeito agradável, caso contrário ninguém iria querer repetir a experiência com elas. Que a pessoa se sente envaidecida, especial, superior por usar certa droga, isso também é verdade; e esse alimento para a vaidade ajuda-a bastante a se viciar. Também é verdade que com o tempo a pessoa se apega à droga, ao ritual que a acompanha e aos colegas com os quais compartilha o seu uso; estabelece uma relação afetiva, de amor mesmo, com ela. Abandoná-la é dor tão – ou mais – forte quanto romper uma ligação amorosa no auge da paixão.

Em uma frase: o uso de drogas é uma "fria", um atraso de vida. As drogas nunca ajudaram o indivíduo a vencer na vida, a ser um ganhador. Elas às vezes chegam na vida dos vencedores, especialmente quando eles são jovens, porque eles não aguentam o próprio sucesso. Nesses casos, a droga faz parte do início de um ciclo destrutivo, que já arruinou a carreira de muita gente. Em um caso ou outro, o indivíduo consegue se manter no apogeu apesar da droga, mas nunca por causa da droga.

Aliás, é extremamente importante sabermos exatamente o que vem a ser um ganhador. Existe, sem dúvida nenhuma, um aspecto exterior, ou seja, o ganhador é aquele que conseguiu atingir os objetivos a que se propôs. Dessa forma, o lutador de judô que quer ser campeão olímpico será um ganhador quando conseguir a sua medalha; o jovem que quer ser médico será um ganhador no dia de sua formatura; a menina que quer ser modelo será vencedora no dia em que tiver sua foto numa revista, e assim por diante.

Ser ganhador, porém, não envolve só esse aspecto externo, que, aliás, não deve ser subestimado, pois para cada um que consegue atingir seus objetivos existem, talvez, uns vinte ou trinta que não conseguem – são os perdedores. Para que o indivíduo seja um verdadeiro ganhador é necessário também que ele tenha vencido sem "roubar no jogo", sem se corromper, sem se destruir internamente. É preciso ser um campeão olímpico sem ter usado remédios para melhorar o desempenho. É preciso tornar-se médico sem ter colado nas provas para passar de ano. É preciso ser modelo famoso sem ter se prostituído. Se destruirmos nossos princípios para atingir nossos objetivos, nada nos satisfará. Saberemos que não merecemos aquela posição, mesmo que todos nos admirem. E isso não adiantará nada. Nossa auto-estima não se alimentará dessas falsas vitórias. Não poderemos dormir com a paz dos justos.

Quando a caminhada para atingir metas se faz com honestidade e sem atalhos, o sucesso que alcançamos nos ajuda muito no processo de crescimento interior. Nossos sucessos nos fazem ter orgulho de nós mesmos. Nossa autoestima cresce. Nosso juízo de nós mesmos melhora. Nossa confiança em nossa própria força cresce. E é justo que assim seja, porque estamos tendo resultados positivos. Isso nos dá mais coragem, até mesmo para tentarmos relações amorosas de maior intensidade e de melhor qualidade, bem como boas ligações de amizade. Aí então poderemos nos considerar verdadeiros vencedores: teremos atingido nossos objetivos de forma íntegra e honesta – o que nos fez fortes interiormente e nos deu coragem para sermos felizes nas relações afetivas em geral e no amor em particular. E quais são os maiores ingredientes que devemos cultivar em nós mesmos para atingirmos esse ideal?

Coragem e ousadia

Quanto mais velho fico, mais eu acho que a coragem é um dos ingredientes mais importantes na composição interior de uma pessoa que poderá ser bem-sucedida na vida. Não estou falando da coragem tola de sair brigando por aí quando alguém nos desafia – aliás, uma reação típica de qualquer mamífero. Falo da coragem de agir e de pensar de forma diferente daquela da maioria das pessoas da turma. É por isso que não acho que experimentar drogas seja um grande ato de coragem, pois é coisa feita por todo o grupo. É contra as regras da família, mas a favor das regras do grupo de jovens. Além disso, é preciso ter a coragem dirigida para alguma coisa concreta, conveniente e útil – pular do décimo andar de um prédio não é coragem; é estupidez!

É preciso muita coragem, por exemplo, para um jovem que decide emigrar, buscar seu rumo em outras terras. Vocês já pensaram como deve ter sido difícil para os jovens que, há oitenta ou cem anos, saíram de seus países, subiram num navio, deixando para trás parentes, amigos, seu idioma e tudo o mais em troca do sonho de "fazer a América"? Não foi à toa que muitos se tornaram vencedores. É provável que outros, mais acomodados, tenham preferido as condições miseráveis dos seus países à ousadia de ir para um lugar totalmente desconhecido.

Num grupo de jovens "folgados", em que o "bacana" é passar de ano colando nas provas, tem coragem, por exemplo, aquele que decide ser um estudante sério e aplicado. Este será objeto de gozações de todo tipo. Será tratado como idiota, "maricas", "filhinho de papai". Porém, se acreditar que é por aí que deve ir, que esse é o caminho que deseja seguir, sua força interior vai fazê-lo capaz de vencer não só o medo do fracasso, como também o medo das ironias e das críticas dos colegas – isso corresponde ao que chamamos de coragem. A coragem é necessária para quem tem medo. Se não tivéssemos medo, não precisaríamos de coragem. Coragem é a força que vem da razão e que é mais forte que o medo. E por ser mais forte que o medo, ela vence a disputa interna e nos leva a agir de acordo com nossos verdadeiros pontos de vista.

Disciplina e persistência

Sei perfeitamente que a palavra "disciplina" está em grande baixa e que quase ninguém mais se preocupa com esse assunto. Ela foi substituída por liberdade de expressão e de modo de ser, respeito pela individualidade etc. É muito importante fazer algumas observações a respeito desse assunto, porque a questão da disciplina pode ser vista por dois ângulos. O primeiro ângulo, que é por onde vieram todas essas críticas, está relacionado com regras de comportamento rígidas, que são impostas de fora para dentro, impostas do meio para a pessoa. É o caso, por exemplo, do exército, onde as pessoas são obrigadas a acordar numa certa hora, vestir-se com o uniforme completo, andar e marchar de acordo com as normas dos chefes etc. Esse tipo de disciplina externa rígida pode ser questionado, e sua validade ou eficácia pode exigir uma reflexão mais profunda. Apesar de tudo, é bom lembrar que, na vida organizada de grupos grandes, algum tipo de disciplina parece indispensável.

Agora, a impressão que eu tenho é que em razão da crítica a esse tipo de disciplina as pessoas passaram a ter uma visão negativa também da disciplina interna, o segundo ângulo sob o qual ela se apresenta. Disciplina interna é aquela que se determina para si mesmo. Penso que sejam coisas completamente diferentes. Eu determino que quero acordar cedo todos os dias, não só durante o período das aulas, como também nas férias, porque desejo fazer bastante esporte e ficar com o corpo forte e bonito. Dou essa ordem para mim mesmo. Não estou sofrendo a influência de ninguém; estou sendo guiado pela vontade de aprimorar minha força, minha competência atlética e minha aparência física. A partir do momento em que estabeleço essas metas para mim mesmo, e consigo agir com persistência e determinação, minha autoavaliação cresce e eu me sinto orgulhoso de mim mesmo. Ao contrário, se eu não conseguir cumprir minhas próprias determinações, vou me sentir um verme, um fraco, e minha autoconfiança vai diminuir.

Estabelecer regras e persegui-las com afinco faz bem para nossa autoimagem. Estabelecer regras e não as cumprir nos arrasa. Não as estabelecer faz de nós um "saco de batatas", um "vaso", algo que vai para cá e para lá, ao sabor da maré e daquilo que os outros estão achando que é "legal" fazer. É evidente que não é esse o caminho do sucesso. Quem for assim jamais será um vencedor. Mesmo que seja muito inteligente e talentoso.

Esse aspecto é extremamente importante. Certa ocasião, conversando com um jovem tenista, eu aprendi o seguinte: aos 15 anos de idade vale mais o talento, o dom inato, do que os treinamentos que exigem uma enorme determinação, disciplina e persistência. Sim, porque treinar todos os dias, várias horas por dia, é, às vezes, muito chato. É exatamente nesse ponto, quando as coisas estão chatas, que é necessário o máximo de disciplina para não se deixar abater pela preguiça ou pela vontade de fazer outras coisas. Porém, com o passar dos anos, o talento vai perdendo espaço cada vez mais para a necessidade do esforço e da disciplina. Aos 25 anos de idade, o tenista com técnica, que se esforçou barbaramente para chegar aonde pretendia, estará mais bem colocado do que um outro mais bem-dotado, que tenha sido menos persistente. É claro que, se a pessoa for talentosa e também disciplinada, suas chances serão maiores ainda. Mas, entre o talento e a persistência, vale mais a persistência. A pessoa esforçada e mediana vai mais longe que a inteligentíssima e preguiçosa!

Objetividade na escolha dos planos de vida

Este item é breve, mas deve ser tratado isoladamente. Hoje em dia os jovens tendem a pensar a respeito do que vão fazer sempre levando em conta o que gostam ou acham que gostam de fazer. Isso exige alguns reparos. É claro que é muito importante a pessoa se ocupar de algo que lhe interesse, que provoque nela aquela genuína vontade de conhecer e de se aperfeiçoar. É mais fácil ter persistência quando gostamos do assunto ao qual nos dedicamos.

Mas é muito importante também que os jovens pensem com objetividade. Por exemplo, se dinheiro é uma coisa importante para a pessoa, de nada adiantará escolher uma atividade que não lhe proporcione esse tipo de recompensa. Alguns não se preocupam com dinheiro; então não há problema em decidirem ser professores, por exemplo. O que eu quero dizer é que não é crime nenhum buscar uma atividade cujas recompensas materiais – ou de prestígio – sejam maiores. É preciso honestidade interior e objetividade para saber o que se quer.

Um outro aspecto é o das facilidades e dificuldades pessoais. Se eu, por exemplo, tenho pouca destreza manual, não devo pretender ser um cirurgião ou um dentista. Essas atividades exigem grande habilidade manual. Farei um grande esforço e, mesmo assim, não serei bem-sucedido. É melhor nos dedicarmos a atividades para as quais temos facilidade, ou, pelo menos, àquelas que não envolvam justamente nossas maiores dificuldades. Não basta gostar da atividade; é preciso "levar jeito" para ela e estar consciente das recompensas e das dificuldades que poderão se apresentar no desempenho da profissão escolhida.

Outro aspecto importante é a distinção entre teoria e prática; entre o mundo das ideias e o mundo real. Há atividades que aparentemente são muito atraentes porque são boas de sonhar. Mas é preciso ver se na realidade as coisas continuam a funcionar tão bem assim. Por exemplo: piloto de avião ou comissário de bordo podem parecer profissões fascinantes e fantásticas. A vida é farta em viagens, hotéis, aventuras de todo tipo. Esse é o sonho. Porém, na realidade, é preciso saber se temos organismo forte para aguentar o desgaste desse tipo de profissão. Depois de certo tempo essa vida de cigano não será cansativa e enjoada? É preciso pensar tudo isso com os pés no chão. Há muita coisa que é melhor na ideia do que na prática.

Humildade

Vamos definir bem o que é humildade. Não quer dizer que devemos abrir mão da vaidade, até porque isso é absolutamente impossível. Se a pessoa renunciar a todas as vaidades, ficará mais vaidosa ainda, porque estará querendo ser como os santos! Humildade é saber nos colocar diante de situações, entidades e mesmo pessoas que consideramos como mais qualificadas do que nós. Humildade é o oposto de onipotência, por exemplo. Quando um jovem diz "Eu tenho certeza absoluta de que a minha vida vai dar certo", ou então "Eu posso correr com o meu carro, porque sei que não cometerei nenhum erro e jamais sofrerei um acidente", ele está agindo sem humildade. Nesse caso, suas chances de não dar certo, de acontecer o oposto do que ele "tem certeza", são muito grandes.

As chances de fracasso são grandes quando a pessoa não tem essa primeira forma de humildade, que nós poderíamos chamar de humildade perante Deus. Um jovem que se coloca dessa maneira foi educado de forma arrogante e passou a acreditar que ele é o máximo. Não é raro que isso se deva a uma educação superprotetora, em que pais e professores sempre elogiavam muito tudo o que ele fazia, mesmo quando a coisa não tinha muito valor. O jovem cresce, então, com a ideia de que tudo o que ele pensa é bom e verdadeiro! Mas é claro que as coisas não são assim, e é por isso que ele não dará certo. Se isso fosse verdade, o resultado seria bom.

Agora, pior ainda do que essa onipotência diante da natureza e de Deus é a mania da maior parte dos jovens de achar que eles sabem tudo; e, principalmente, de achar que sabem mais do que os outros, especialmente os mais velhos. Rapazes e moças de 16 ou 17 anos saem por aí fazendo discursos a respeito do que está certo e do que está errado – sim, porque também se consideram ótimos juízes e não perdem uma oportunidade de "condenar" alguém por suas ideias ou atitudes. Esses jovens acham que as gerações que os antecederam eram compostas apenas de débeis mentais e que tudo o que pensaram e o que falam até hoje é apenas um amontoado de "besteiras". Eles, sim, é que sabem das coisas; eles pensam bem e concluem melhor ainda! Suas conclusões, ainda que apressadas e baseadas em pouca experiência de vida, são lógicas, claras e, portanto, verdadeiras!

As pessoas que agem assim são realmente chatas! Às vezes, temos que nos esforçar muito para tolerá-las, para não mandá-las àquele lugar... Esses "donos da verdade" não têm, é claro, nenhuma humildade. E tratam os mais velhos com o desprezo próprio dos superiores lidando com os inferiores. Não têm a menor condição de aprender nada, pois acham que já estão prontos para ensinar tudo! Falam muito e ouvem pouco. Contrariam o ditado que diz: "Deus nos deu dois ouvidos e uma boca para ouvirmos o dobro do que falamos". Acham que não têm nada para ouvir, mas muito para contar.

Esses jovens não conseguem ser discípulos. A arrogância não lhes permite isso. Têm de ser mestres aos 20 anos de idade! Não podem aprender com os mais velhos e com as pessoas em geral porque isso lhes parece algo vergonhoso; afinal, eles já deveriam saber tudo. Quem não for capaz de ser discípulo, de aprender com quem realmente sabe das coisas, jamais poderá chegar a lugar algum com sucesso. Porque a verdade é que ninguém nasce sabendo e quase tudo o que nós pensamos na mocidade terá de ser aferido na realidade da vida. E quem conhece os fatos, em geral, são os mais velhos, pelo simples motivo de já terem vivido mais anos e já terem convivido com mais situações reais e objetivas. De fato, é muito bom, e muito leve ser discípulo quando se é moço. Só requer humildade.

Sorte

Sorte é importante para que se dê certo, para que nossos sonhos se realizem? Não tenho a menor dúvida que sim. E o que é a sorte? Não sei exatamente. Nem eu, nem ninguém. Será destino? Será interferência de forças externas a nós, forças divinas ou vindas de seres extraterrestres? Não sabemos. Sabemos que tudo é possível. Sabemos também que algumas pessoas parecem ter seu caminho facilitado na estrada da vida e que, para outras, as coisas são mais difíceis. Sabemos que para uns a vida profissional vai bem, mas a sentimental não anda de jeito nenhum. E vice-versa.

Algumas coisas, porém, são bastante claras para mim. Existe uma parte daquilo que se chama de sorte que eu acho que depende da própria pessoa. Penso que existe, no nosso inconsciente, uma forma de comunicação com todo o universo. Quando olhamos para dentro de nós mesmos com profundidade, podemos nos comunicar com o que está fora de nós. Por exemplo: acredito que, quando queremos muito uma coisa e a "mentalizamos" com força e com fé, as chances de essa coisa acontecer aumentam. Nosso inconsciente tem forças que nós não costumamos utilizar. Quando rezamos, por exemplo, não sei se é Deus que nos escuta e nos atende ou se estamos mobilizando nossas forças internas para que tudo nos leve na direção do que queremos, para que nossas chances de sucesso aumentem.

Acredito que esse mecanismo depende muito de se estar bem consigo mesmo. Depende de acharmos que merecemos atingir aquele objetivo; de nos considerarmos honestos o suficiente para que as coisas nos cheguem de modo que possamos usufruir delas como conquistas dignas e merecidas. Depende, por exemplo, da nossa disciplina de vida, do esforço que fazemos, na prática, para alcançar as coisas desejadas; e até mesmo da nossa disciplina para a oração ou a reflexão, para que as façamos com regularidade e vontade. Depende da nossa coragem para dar certo, para ser feliz. Depende, portanto, de não estarmos querendo, consciente ou inconscientemente, nos destruir.

A pessoa que usa drogas não é objetiva, pois seus pensamentos balançam de modo desordenado. As drogas desenvolvem a arrogância e não a humildade. E, ainda por cima, impedem o convívio com o que existe de mais íntimo em cada um de nós, o que é fundamental para nos trazer sorte. Não tem jeito: o caminho das drogas é mesmo o oposto do da paz de espírito, da felicidade sentimental e do sucesso prático e profissional. Portanto, quem quiser se dar bem na vida, tão difícil, tão dolorosa e tão fascinante, terá de ficar longe das drogas! E lhes asseguro que não estarão perdendo nada de extraordinário. Mesmo a mais interessante "viagem" com uma droga não chega aos pés do que se pode sentir, "a seco", ao longo de uma bela história de amor!

Bibliografia

ALCOÓLICOS ANÔNIMOS: TEXTO BÁSICO. São Paulo, Claab, s.d.

CAVALCANTE, A. M. *Drogas: esse barato sai caro.* Rio de Janeiro, Rosa dos Tempos, 1997.

COSTA LEITE, M. e GUERRA DE ANDRADE, A. *Cocaína e crack.* Porto Alegre, Artmed, 1999.

FISHER, G. L. e HARRISON, T. C. *Substance abuse.* Boston, Allyn & Bacon, 2002.

FREUD, S. *Para além do princípio do prazer.* Rio de Janeiro, Imago, 1980.

GIKOVATE, F. *A arte de educar.* São Paulo, MG Editores Associados, 2002.

_____. *Cigarro: um adeus possível.* São Paulo, MG Editores Associados, 1990.

_____. "O amor é nosso maior vício", em *Ensaios sobre o amor e a solidão.* São Paulo, MG Editores Associados, 1998.

HUXLEY, A. *A ilha.* Rio de Janeiro, Globo, 1962.

KUHN, C. *Just say no.* Nova York, W.W. Norton, 2002.

MADELINE, A. *Addiction and substance abuse.* Englewood Cliffs, Prentice-Hall, 2001.

MELHORN, T. T. *Drug and alcohol abuse.* Boulder, Perseus Books, 1994.

NAJAVITS, L. M. *A woman's addiction workbook.* Oakland, New Harbinger, 2002.

NAKKEN, C. *The addictive personality*. Nova York, Harper & Row, 1988.

SCHAEF, A. W. *When society becomes an addict*. Nova York, Haper & Row, 1987.

SILVÉRIO DE ALMEIDA, C. R. *Drogas: uma abordagem educacional*. São Paulo, Olho D'Água, 2000.

WINNICOTT, D. W. *Tudo começa em casa*. São Paulo, Martins Fontes, 1989.

ZALUAR, A. (org.). *Drogas e cidadania*. São Paulo, Brasiliense, 1999.